APONTAMENTOS DE
DIREITO CONSTITUCIONAL

C318a Carrion, Eduardo Kroeff Machado
        Apontamentos de Direito Constitucional / Eduardo
    Kroeff Machado Carrion. — Porto Alegre: Livraria do
    Advogado, 1997.
        197p.; 14x21cm.

        ISBN 85-7348-041-6

        1. Direito Constitucional. 2. Constituição. I. Título.
                                    CDU 342
                                        342.4

        Índices para catálogo sistemático
        Constituição
        Direito Constitucional

        (Bibliotecária responsável: Marta Roberto, CRB 10/652)

Eduardo Kroeff Machado Carrion

APONTAMENTOS DE
Direito Constitucional

livraria
DO ADVOGADO
editora

Porto Alegre
1997

© Eduardo Kroeff Machado Carrion, 1997

Capa, Projeto gráfico e diagramação
Livraria do Advogado / Valmor Bortoloti

Revisão
Rosane Marques Borba

Gravura da capa
Bibliothèque Nationale. Estampes © Holzapfel-D.F.

Direitos desta edição reservados por
Livraria do Advogado Ltda.
Rua Riachuelo, 1338
90010-273 Porto Alegre RS
Fone/fax: (051) 225 3311
E-mail: liv_adv@portoweb.com.br
Internet: http://www.liv-advogado.com.br

Impresso no Brasil / Printed in Brazil

Para Conceição e Ana.

Sumário

Apresentação 9
1. O significado histórico da Constituição 11
   1.1. A Constituição como estatuto da liberdade 13
   1.2. Legalidade burguesa e conquista popular 17
2. A dimensão prospectiva das Constituições 21
3. Constituição exemplar 31
4. A Revolução Francesa e a Declaração dos Direitos - A Revolução e a Construção dos Direitos 36
   4.1. Introdução 36
   4.2. Empirismo e racionalismo constitucionais 40
   4.3. As diversas revoluções francesas 42
   4.3.1. A historiografia da Revolução Francesa 43
   4.3.2. O processo da Revolução Francesa 44
   4.4. As declarações de direitos francesas 45
5. Direitos Humanos 51
   5.1. Introdução 51
   5.2. Histórico 52
   5.3. As declarações de direitos 53
   5.4. Conceituação básica 55
   5.5. Classificação 57
6. Estado, Direito Constitucional, política e teoria geral do Estado 60
   6.1. Introdução 60
   6.2. A pólis grega e o Estado moderno 62
   6.3. Os elementos constitutivos do Estado 65
   6.4. Direito Constitucional, política e teoria geral do Estado . 67
   6.5. Conclusão 69
7. Sistemas de governo e controle do poder 71
   7.1. Fortalecimento do legislativo e fiscalização do executivo 79
   7.2. Controle social da administração pública 82
8. Conselhos sociais 85
9. O poder judiciário, o juiz e a lei 88
   9.1. Pluralismo jurídico 89
   9.2. Juiz e sistema de direito 92
   9.3. O juiz e a lei 93
   9.4. Uso efetivo do direito 95

10. Existe um Direito do Trabalho? 98
11. Crise e reforma do ensino jurídico 101
12. Constituinte: balanço e perspectivas 104
13. A Constituição de 1988 e sua reforma 108
   13.1. A elaboração da Constituição de 1988 108
   13.2. As "Constituições" da Constituição de 1988 111
   13.3. As "virtualidades modernizantes" da Constituição de 1988 114
   13.4. Reforma da Constituição ou "fraude à Constituição? .. 117
14. Prática constitucional 124
15. Governabilidade e Constituição 127
16. Processo legislativo 130
   16.1. Leis Ordinárias 130
   16.2. Emendas à Constituição 138
   16.3. Leis Complementares 140
   16.4. Leis Delegadas 141
   16.5. Medidas Provisórias 143
   16.6. Decretos Legislativos 145
   16.7. Resoluções 146
17. Ação declaratória de constitucionalidade 148
18. Capitalismo e crises 151
19. Neoliberalismo x Estado social 155
20. Democracia, socialismo e social-democracia 159
21. As denominadas "sociedades pós-revolucionárias" ... 169
22. Política e mentira 186
23. O legado político de Getúlio 191
Bibliografia citada 195

Apresentação

> "O curso desta investigação move-se entre os limites do Direito Constitucional e da Política. Sempre sustentei a separação metódica e a união cientítica de ambas as disciplinas."
>
> G. Jellinek.
> *Reforma e Mutação da Constituição*, 1906.

O objetivo de toda coletânea é geralmente o de dar maior permanência e o de tornar melhor acessíveis textos dispersos que facilmente se perderiam, embora pudessem resultar de um longo esforço de reflexão e revelar certo interesse. Nesta perspectiva, resolvemos reunir trabalhos elaborados desde 1985, alguns inéditos, outros, a maior parte na realidade, já publicados em revistas especializadas. Três deles (*A Dimensão Programática da Constituição, A Revolução Francesa e a Declaração dos Direitos. A Revolução e a Construção dos Direitos* e *Sistemas de Governo e Controle do Poder*) foram apresentados em diferentes encontros anuais da Associação Nacional de Pós-Graduação e Pesquisa em Ciências Sociais (ANPOCS), no âmbito do GT Direito e Sociedade. Alguns tiveram uma primeira versão em forma de conferência. Assim, pela diversidade de origem, refletem desde preocupações mais estritamente acadêmicas até debates conjunturais como o referente à Constituição de 1988, sua elaboração e reforma.

Os textos aqui incluídos podem ser distribuídos em dois conjuntos: aqueles relativos a questões mais especificamente jurídicas e sobretudo constitucionais, que ocupam a maior parte do livro, e outros relacionados com temas políticos. Mas independentemente desta divisão, em grande parte artificial, existe a preocupação constante de não pensar o jurídico divorciado do político e o político isolado do jurídico.

1

O significado histórico da Constituição

Texto publicado *in Política da Constituinte*,
Mercado Aberto, Porto Alegre, 1985.

França, 1788.

Forçado pela crise financeira, Luiz XVI convoca, a 8 de agosto, os Estados-Gerais, reclamados pela opinião pública e que não se reuniam desde 1614. Estados-Gerais compostos pelas três "ordens": nobreza, clero e terceiro-estado ou burguesia, o voto sendo contado por ordem, e não por cabeça. A 27 de dezembro, o rei finalmente autoriza a duplicação do número de representantes do terceiro-estado nos Estados-Gerais convocados para 1º de maio do ano seguinte. Obtém assim a burguesia a maioria absoluta dos representantes (661 deputados contra 330 da nobreza e 326 do clero). Era um primeiro passo para reconhecer o fim da sociedade estruturada em ordens.

Os *Cahiers de Doléances* ("Cadernos de Queixas") de 1789 do terceiro-estado, elaborados pelas assembléias de eleitores no plano local, já refletem algumas das principais reivindicações da burguesia revolucionária: o consentimento prévio dos Estados-Gerais para a decretação de novos impostos, a admissão dos cidadãos do terceiro-estado a todas as funções públicas, a deliberação em comum com a nobreza e o clero nos Estados-Gerais, o voto por cabeça e não por ordem, o resgate dos direitos feudais com vistas à sua extinção. Os *Cahiers de Doléances* das três ordens estavam de acordo para pedir uma Constituição que definisse os direitos do rei e da nação.

Os Estados-Gerais são instalados em 5 de maio de 1789. Na sua fala, o monarca não se refere uma única vez ao que preocupava todos: a Constituição, provocando uma viva decepção entre os presentes. No dia seguinte, a nobreza e o clero reúnem-se em suas salas respectivas para a verificação dos poderes e para se constituírem separadamente. O conflito entre as ordens apenas iniciava: inconformado, o terceiro-estado exige a verificação em comum, o que implicaria o voto por cabeça, e não por ordem.

A 17 de junho, após cinco semanas de espera e negociação, o terceiro-estado, considerando-se representar a quase totalidade da nação, declara-se constituído em Assembléia Nacional, o que significava a afirmação da unidade e da soberania nacional, revolução jurídica sancionada por 491 votos contra 89. Uma parte do clero, bem como um setor da nobreza, aderem ao terceiro-estado.

Luiz XVI responde à rebeldia do terceiro-estado com um ato de autoridade, mandando fechar a sala de reuniões. A Assembléia Nacional resolve então reunir-se no prédio denominado *Jeu de Paume*, sob a presidência de Bailly. Realiza-se aí a histórica sessão de 20 de junho, com o célebre juramento do *Jeu de Paume*, sob a inspiração do abade Sieyès: comprometem-se os deputados a não separar-se mais até que se elaborasse a Constituição reivindicada.

Na sessão real de 23 de junho, Luiz XVI anula as decisões da Assembléia Nacional, ordenando os deputados a se retirarem do recinto quando se encerrasse a sessão e a se reunirem separadamente por ordem. Entretanto, permanecem no local os representantes do terceiro-estado e alguns do clero. O Marquês de *Dreux-Brezé*, ministro do rei, percebendo a situação, pergunta enfaticamente: "Ouvistes, senhores, a ordem de Sua Majestade?" Responde-lhe Bailly: "Parece-me que a nação, reunida em Assembléia, não recebe ordens de ninguém." Neste momento, adianta-se Mirabeau que exclama, encarando nos olhos o marquês: "Ide dizer a vosso amo que nós estamos aqui pela vontade do povo e que não nos farão sair a não ser pela força das baionetas."

A firmeza coletiva do terceiro-estado sobrepõe-se à vontade do monarca. A 27 de junho, Luiz XVI determina que o restante da nobreza e do clero incorpore-se à Assembléia Nacional. A 9 de julho de 1789, a Assembléia Nacional proclama-se Constituinte.

1.1. A Constituição como estatuto da liberdade

A idéia de Constituição no sentido formal não era estranha ao Antigo Regime. Sob a denominação de "leis fundamentais da monarquia", normas costumeiras de caráter constitucional colocavam-se acima do legislador ordinário, o rei, que lhes devia obediência. Entretanto, seu conteúdo restringia-se a poucos elementos, não significando uma verdadeira limitação ao poder monárquico.

Mais importante do que o conteúdo, devendo destacar-se, entre outras matérias, a exigência do consentimento prévio do povo para a decretação de novos impostos, regra nem sempre respeitada pelo monarca, foram as teorias a respeito das leis fundamentais da monarquia. Para a concepção racionalista ou moderna, as leis fundamentais da monarquia teriam sido elaboradas pelo povo que as poderia, portanto, modificar. Para a concepção tradicionalista ou antiga, ao contrário, elas teriam sido resultado antes da história do que do povo, só o costume podendo, então, alterá-las. A primeira concepção implicava a transferência do poder constituinte para os Estados-Gerais, órgão representativo do povo, abrindo assim caminho para a idéia democrática da soberania popular. Estas concepções fundamentam-se em distintas doutrinas da soberania. Segundo a teoria do direito divino sobrenatural, tese da monarquia absolutista, não apenas a fonte do poder era divina, mas ainda Deus interviria mesmo para designar o agente do poder, identificado em uma dinastia. De acordo com a teoria ortodoxa da Igreja, teoria teocrática da soberania igualmente, se a fonte do poder era divina, sua forma era humana, o povo intervindo como mediador entre a divindade e a autoridade.

Durante a monarquia absolutista, marcada pela concentração dos poderes, existiram sempre instituições mais ou menos representativas, embora sem caracterizarem um regime representativo, pois não basta para tanto a simples existência de instituições representativas. O determinante na caracterização de um regime representativo são as relações das instituições representativas com o poder, por um lado, e com o povo, por outro. Em outros termos, importa em primeiro lugar determinar se o poder se encontra efetivamente subordinado às instituições representativas e estas, à vontade popular.

A principal daquelas instituições durante a monarquia absolutista foram os Estados-Gerais, organismo de representação das três ordens da sociedade: nobreza, clero e terceiro-estado. Seus membros eram eleitos por assembléias locais, cada ordem tendo um número equivalente de delegados aos Estados-Gerais. Nestas assembléias, eram redigidos os "Cadernos de Queixas", constituindo um verdadeiro mandato imperativo. Nos Estados-Gerais, que se reuniam esporadicamente por convocação do rei, contava-se o voto por ordem, e não por cabeça, limitando assim sua representatividade. Tinham sobretudo uma função consultiva, embora pudessem ter em certas matérias um poder de decisão. A importância dos Estados-Gerais como instituição de contenção do poder monárquico manifesta-se claramente no próprio episódio de eclosão da Revolução Francesa: a rebeldia do terceiro-estado nos Estados-Gerais transformou-se no elemento desencadeador do processo revolucionário.

A doutrina do contrato social serviu de embasamento teórico para a revolução democrática. Através de um primeiro pacto, o *pacto de associação*, os homens teriam constituído a sociedade, deixando o estado de natureza, onde eram soberanos, e ingressando no estado de sociedade. Através de um segundo pacto, o *pacto de subordinação*, teriam instituído a autoridade para que, em nome da sociedade, gerisse o interesse coletivo. A sociedade e a autoridade seriam, portanto, resultado da vontade humana. Desferia-se um profundo golpe na concepção absolutista de poder. Afirmava-se a noção de soberania popular, essência da teoria democrática clássica. Na realidade, a doutrina do contrato social daria continuidade à concepção racionalista ou moderna das leis fundamentais da monarquia.

A Constituição passa a ser considerada como a própria explicitação, renovação ou atualização do contrato social. Predomina desde então a idéia de elaboração de textos constitucionais escritos, fixando num documento solene a organização política do Estado. A Constituição inglesa, constituição costumeira ou consuetudinária, representa a grande exceção a este princípio do constitucionalismo clássico. Conseqüência em grande parte da natureza do processo inglês de transição para uma sociedade democrática, caracterizado pela incorporação gradativa e progressiva das novas instituições políticas da democracia liberal, em que pese as rupturas revolucionárias (Revolução Puritana: 1640 e Revolução Gloriosa: 1688). Saliente-se, entretanto, que fazem parte do conteúdo da Constituição inglesa inúmeros textos escritos, a começar pelas grandes declarações, embora predominem os costumes e as convenções constitucionais, seu elemento mais característico.

Exige-se a elaboração de textos constitucionais escritos para melhor conter o poder. O conhecido artigo 16 da Declaração dos Direitos do Homem e do Cidadão de 1789: "Toda sociedade na qual a garantia dos direitos não é assegurada, nem a separação dos poderes determinada, não tem Constituição", reflete este espírito. Este artigo 16 ajudou a assimilar uma concepção política de Constituição. Constituição como organização política *democrática* do Estado, e não apenas definida formalmente, como norma fundamental elaborada por procedimento especial a que todas as outras normas jurídicas devem obediência, prevendo-se, inclusive, um mecanismo de controle da constitucionalidade das leis, de forma a preservar a sua supremacia material e formal. Concepção política ainda presente em expressões como Estado constitucional e que volta à tona em conjunturas de conquista democrática.

A Constituição surge, portanto, como um estatuto da liberdade, de defesa do cidadão e da sociedade em relação às investidas do poder. Este, o seu profundo significado histórico.

Dois conteúdos básicos nas Constituições da época: a declaração dos direitos e o estatuto do poder ou, nos termos da conceituação anterior, a garantia dos direitos e a separação dos poderes. As declarações dos direitos passaram a ser geralmente incorporadas no preâmbulo das Constituições, atestando a inspiração libertaria do constitucionalismo clássico. As primeiras declarações dos direitos foram sobretudo declarações dos direitos individuais e políticos. Após a primeira guerra mundial, seu conteúdo ampliou-se significativamente, abrangendo matéria econômica e social, caracterizando-se as declarações dos direitos também como declarações dos direitos econômicos e sociais. Esta uma das grandes diferenças existentes entre o constitucionalismo clássico, de base individualista, e o constitucionalismo social, impulsionado em grande parte pela luta social da classe trabalhadora.

1.2. Legalidade burguesa e conquista popular

Costuma-se geralmente salientar as origens aristocráticas da democracia liberal como prática histórica da democracia, identificadas por elementos como o sufrágio restrito, principalmente em sua modalidade de sufrágio censitário, a mera igualdade jurídica, servindo antes para consagrar a desigualdade social existente na sociedade do que efetivamente para assegurar os direitos dos explorados e dos dominados. A resistência e a organização populares, com ênfase a partir da segunda metade do século passado, possibilitaram, entre outras coisas, a conquista do sufrágio universal, a reivindicação da igualdade social, a formação de sindicatos e partidos populares, o direito de greve. Tais conquistas significaram um alargamento da prática democrática no interior da democracia liberal. Num certo sentido, os espaços democráticos existentes na democracia liberal foram sobretudo resultado da luta da classe trabalhadora, caracterizando-se como direitos populares. A democracia liberal é assim uma relação de forças políticas, correspondendo parcialmente, também, às reivindicações dos explorados e dos dominados, embora sob hegemonia burguesa. Em outros termos, a democracia liberal como prática histórica da democracia, não custa repetir, é um processo dinâmico cujo resultado sempre provisório está além do horizonte político da burguesia, mas aquém do horizonte político da classe trabalhadora. Daí, a importância, em que pesem os limites estruturais, da luta pelo alargamento e pelo aprofundamento da democracia no interior da democracia liberal, distinguindo-se do sectarismo, por um lado, mas a necessidade, em que pese as conquistas conjunturais, da transformação profunda do Estado, diferenciando-se do oportunismo, por outro.

A legalidade burguesa reflete da mesma forma esta dialética. A análise dos denominados "direitos sociais", consagrados pelo constitucionalismo moderno, tornará mais fácil a compreensão do problema. Tradicionalmente, ao falarmos em direitos sociais, referimo-nos à Constituição da República de Weimar de 1919. Entretanto, a Constituição mexicana de 1917 enumera diversas disposições sobre os direitos sociais. Antes disso, ainda, o artigo 34 da Constituição suíça de 1874 regulamentou alguns destes direitos. Por fim, a Constituição francesa de 1793 previu alguns dos direitos sociais. Como vemos, a reivindicação por direitos sociais encontrou guarida nos textos constitucionais desde o final do século XVIII.

Para alguns, a legislação do trabalho seria uma pura conquista da classe trabalhadora, supondo no limite a possibilidade de uma transformação através do direito. Para outros, ela seria uma pura legalização ou domesticação da classe trabalhadora. Assim, esta última teria sido legalizada na empresa e no Estado, fazendo-se com que falasse a língua que não é a sua, a língua da legalidade burguesa. Um exemplo seria o direito de greve. A greve, de fato social, transformou-se em categoria jurídica: o direito de greve, mas ao preço de sua regulamentação, de manter-se nos limites da ordem estabelecida. Da mesma forma, em relação aos aparelhos e estruturas como os sindicatos e os partidos populares.

A legislação do trabalho nasce da dissociação do trabalho humano da propriedade dos instrumentos de trabalho, estando assim ligada à emergência do capitalismo. Tornou-se necessário que face ao capital se encontrasse o *trabalhador livre* num duplo aspecto: ele não faz parte dos meios de produção, diferenciando-se do escravo, e os meios de produção não lhe pertencem, distinguindo-se do camponês. Entretanto, o movimento operário luta para impor, sem por isso transformar a natureza do regime, uma legislação do trabalho de maneira a limitar o poder discricionário do patronato. A legislação do trabalho possui desta forma um duplo aspecto: por um lado, regula a exploração da força do trabalho e, por outro, exprime a resistência da força de trabalho a esta exploração.

O debate em torno da Constituição situa-nos no cerne da legalidade burguesa, entendida na sua realidade dialética, na medida em que a ordem jurídica repousa sobre a Constituição. Neste particular, seria conveniente distinguir entre Constituição formal ou jurídica, por um lado, e Constituição real e efetiva ou ainda, na expressão dos constitucionalistas, Constituição substancial em sentido amplo, por outro. O Poder Constituinte elabora a Constituição formal ou jurídica, mas tendo sempre de respeitar no fundamental a Constituição real e efetiva. Esta remete em última análise para o exame das relações de forças políticas existentes na sociedade, ou, como queria Lassalle, dos "fatores reais do poder" (*"os fatores reais do poder* que regem a sociedade são força ativa e eficaz que informa todas as leis e instituições jurídicas da sociedade em questão, fazendo com que *não possam ser* em substância *mais que tal e como são"*). A Constituição formal ou jurídica erige os fatores reais de poder em direito, em instituições jurídicas, convertendo-os em fatores jurídicos. Em outros termos, a Constituição formal ou jurídica representa num primeiro instante a racionalização jurídica de uma determinada ordem social. Nenhum Poder Constituinte poderá assim, salvo alterações substanciais na própria estrutura social, revogar da sociedade a exploração econômica e a dominação política. Entretanto, as categorias exploradas e dominadas constituem igualmente um dos elementos da Constituição real e efetiva, podendo, conforme o caso, reduzir aquela exploração ou limitar esta dominação, favorecendo então uma democratização maior da sociedade, embora nos limites da democracia liberal. Estas observações demonstram perfeitamente que as questões constitucionais são primariamente questões políticas.

Além disso, ao contrário do que sugeria Lassalle, a Constituição formal ou jurídica possui força normativa própria, não se caracterizando como uma simples "folha de papel". Mesmo as denominadas "Constituições-programas", destinadas a dar uma aparência liberal ou democrática a regimes políticos autoritários, de reduzida ou nula eficácia social portanto, sobretudo em relação aos dispositivos atinentes às liberdades públicas (direitos individuais e direitos políticos em primeiro lugar), podem, dependendo da conjuntura política, adquirir maior força normativa, atuando então positivamente nas relações de poder imperantes na sociedade.

A conexão com a realidade é um pressuposto da força normativa da Constituição formal ou jurídica. Entretanto, esta não é um simples reflexo das condições sociais, mas, devido a seu caráter normativo, pretende também por sua vez conformar a realidade. Em outros termos, a Constituição formal ou jurídica, desde que se adapte à realidade, pode converter-se em força atuante. Mais ainda: obedecidas certas circunstâncias, a Constituição formal ou jurídica tem a possibilidade de excepcionalmente prevalecer em caso de conflito com a Constituição real e efetiva. Como vemos, os limites representados pelas condições sociais podem ser ampliados, embora não suprimidos.

2

A dimensão prospectiva das Constituições

Texto publicado in Revista da Ordem dos Advogados do Brasil, Brasiliense, São Paulo, 1988.

1. Na medida em que as Constituições costumam refletir os avanços da luta democrática, interessa diretamente aos setores populares o respeito a suas determinações. Entretanto, observamos, sobretudo nas sociedades de precária tradição democrática, uma tendência ao descumprimento das normas constitucionais que outorgam direitos e liberdades ou que limitam o poder. Toca-se aqui no problema crucial e complexo da efetividade do direito. A importância do tema assinala-se pelo fato de uma efetividade suficiente ser para muitos requisito fundamental da própria validade da norma jurídica. A maior ou menor efetividade das Constituições permitiu aliás que Maurice Duverger distinguisse entre *Constituições-leis*, isto é, textos jurídicos efetivos, ainda que comportando sempre elementos não aplicados ou pouco aplicados, e *Constituições-programas*, "destinadas a dar uma aparência liberal e democrática a regimes de natureza completamente diferente (Duverger, Maurice, in *Institutions Politiques et Droit Constitutionnel, 1 - Les grands systèmes politiques*, PUF, Paris, 12ª edição, 1971, p. 42)".

Efetividade e falta de efetividade de uma norma jurídica correspondem a pontos extremos, a realidade sugerindo situações intermediárias. A rigor, mesmo uma norma descumprida apresenta paradoxalmente um mínimo de efetividade. Ela pode mesmo assim exercer uma função de legitimação da ordem estabelecida, uma das principais funções do direito. Inclusive, talvez este seja seu principal objetivo. Trata-se num certo sentido de uma efetividade remanescente, residual, invisível, por assim dizer. Além disso, a simples existência daquela norma no texto constitucional, embora inaplicada, torna a infração por parte da autoridade ou de particulares contestável e instável, obrigando-os a uma certa prudência. Finalmente, a própria evolução da conjuntura política, repercutindo no plano jurídico, pode fazer com que ela passe a ter com o tempo maior efetividade.

Caberia inquirir sobre os elementos que possam eventualmente garantir uma maior efetividade das Constituições. A este propósito, podemos identificar elementos internos ou mais especificamente jurídicos, por um lado, e elementos externos ou mais especificamente políticos, por outro. Sem com isto pretender opor a dimensão política à dimensão jurídica ou desconhecer o caráter multifário dos fenômenos sociais.

O controle judicial de constitucionalidade das leis (*judicial review*) caracteriza-se como um instrumento indispensável para assegurar a efetividade das normas constitucionais. Saliente-se que tanto o direito público francês como o direito público inglês, fundamentados na doutrina da supremacia da lei e da soberania do Parlamento, foram historicamente avessos a um efetivo controle de constitucionalidade das leis, o mesmo ocorrendo nos países do leste europeu, salvo recentemente quando se começou a introduzir um controle desta espécie. Adotado no Brasil desde 1891, ele foi permanentemente aperfeiçoado, inclusive pela Constituição de 1988, seja através da ampliação da legitimação ativa para a propositura da ação direta de inconstitucionalidade, até então monopólio do Procurador-Geral da República, seja pela criação da ação direta de inconstitucionalidade por omissão e mesmo do mandado de injunção, seja ainda por uma maior especialização do STF em matéria constitucional.

Outro elemento interno ou mais especificamente jurídico para garantir maior efetividade da Constituição encontramos no reconhecimento da eficácia jurídica, ao menos parcial, das normas constitucionais, mesmo daquelas denominadas, talvez impropriamente, "programáticas". Neste sentido, a necessidade, antes de tudo, de especificar ao máximo o direito constitucionalmente prescrito, de forma inclusive a evitar que a legislação ordinária posterior de caráter restritivo deturpe ou frustre a vontade da norma constitucional. Mas não apenas isto: a necessidade também de incorporar-se na experiência constitucional a possibilidade, da suplência provisória de lei integrativa inexistente, por omissão do legislador ordinário, pela atividade jurisdicional da autoridade judiciária.

A efetividade da Constituição, sobretudo das normas que outorgam direitos e liberdades ou que limitam o poder, depende em grande parte das relações de força entre as diversas categorias sociais. Aqui, entretanto, pretendemos chamar atenção para um outro elemento externo ou mais especificamente político: o "sentimento constitucional" (Karl Loewenstein) ou a "vontade de Constituição" (Konrad Hesse) como fator determinante para a efetividade da Constituição. Em última análise, a legitimidade da Constituição que resulta tanto da autenticidade do processo constituinte que a gerou como do caráter democrático do conteúdo que a informa. Devendo-se lembrar que a deslegitimação da ordem constitucional é um elemento ponderável na deslegitimação do regime político.

2. O conteúdo das Constituições é variável com o tempo. Com a extensão das atribuições do Estado contemporâneo, atingindo a esfera econômica e a social, agregaram-se aos textos constitucionais matérias que até então eram objeto quando muito da legislação ordinária. Entendeu assim o legislador constituinte fazer beneficiar da proeminência e da estabilidade próprias da Constituição formal, mormente tratando-se de uma Constituição rígida, os denominados direitos econômicos e sociais. Historicamente, o grande passo seria dado pelas Constituições mexicana de 1917 e alemã de 1919. Com muito mais razão hoje, torna-se necessária a elaboração de Constituições *analíticas*. Face ao processo de estatização da sociedade civil, de rompimento com as fronteiras rígidas entre esfera privada e esfera pública, a regulamentação constitucional das novas demandas e reclamos sociais é uma exigência de defesa da sociedade e do cidadão. Por isto mesmo, as Constituições mais recentes, como a portuguesa, a espanhola e a brasileira são Constituições analíticas.

Mas não basta simplesmente que a Constituição seja analítica. Possuindo geralmente a norma constitucional um caráter genérico, remetendo quase sempre, explícita ou implicitamente, à sua regulamentação através de legislação ordinária posterior, cumpre, por um lado, especificar ao máximo o direito constitucionalmente prescrito e, por outro, assegurar plenamente sua eficácia jurídica, como se disse acima. Evitando-se assim que se considere grande parte das normas constitucionais asseguradoras de direitos meras normas programáticas sem eficácia jurídica ou de eficácia dependente de legislação ordinária posterior. Evitando-se ainda que se limite ou se frustre a vontade da norma constitucional através de legislação ordinária posterior de caráter restritivo. Trata-se enfim de efetivamente garantir a supremacia e a realidade do texto constitucional.

Neste particular, algumas Constituições são exemplares. A Constituição da República Federal da Alemanha de 1949 prescreve em seu artigo 1.3 que "os direitos fundamentais a seguir discriminados constituem direito diretamente aplicável para os poderes legislativo, executivo e judiciário". A Constituição portuguesa de 1976 da mesma forma declara, em seu artigo 18. 1, que "os preceitos constitucionais respeitantes aos direitos, liberdades e garantias são diretamente aplicáveis e vinculam as entidades públicas e privadas". O *instituto da aplicabilidade imediata e direta dos direitos e garantias fundamentais* foi incorporado pela Constituição de 1988 em seu artigo 5º, § 1º. A Constituição portuguesa prevê ainda a *inconstitucionalidade por omissão* (artigo 283) para a hipótese de o legislador ordinário se recusar a regulamentar a norma constitucional, instituto igualmente incorporado pela Constituição de 1988, como já se indicou. Assinale-se, porém, que a inconstitucionalidade por omissão é uma construção jurisprudencial do Tribunal Constitucional da República Federal da Alemanha. A par disso, lembre-se ainda o *princípio da salvaguarda e da garantia da essencialidade dos direitos constitucionalmente prescritos face à legislação complementar*, previsto nas Constituições da República Federal da Alemanha de 1949 (artigo 19.2), de Portugal de 1976 (artigo 18.3) e da Espanha de 1978 (artigo 53.1). Da mesma forma, no que se refere à impropriamente denominada *eficácia externa ou eficácia em relação a terceiros*, a *drittwirkung* do direito alemão. Com estes mecanismos, assegura-se juridicamente o melhor cumprimento das normas constitucionais respeitantes a direitos.

Entretanto, estas observações devem ser nuançadas, não se pretendendo com elas desqualificar ou reduzir a importância, nos modernos ordenamentos constitucionais, das assim chamadas normas programáticas.

Além de normas preceptivas e de normas organizativas ou institutivas, as Constituições contemporâneas contêm, em maior ou menor medida, normas programáticas "através das quais o constituinte, em vez de regular direta e imediatamente determinados interesses, limitou-se a traçar-lhes os princípios para serem cumpridos pelos órgãos (legislativos, executivos, jurisdicionais e administrativos), como programas das respectivas atividades, visando à realização dos fins sociais do Estado (Silva, José Afonso da, in *Aplicabilidade das Normas Constitucionais*, Editora Revista dos Tribunais, São Paulo, 2ª edição, revista e atualizada, 1982, p. 129)". Correspondem elas em grande parte à realidade e às exigências do denominado Estado Social, cujos textos constitucionais incorporam inúmeras reivindicações das classes trabalhadoras (o conteúdo social das constituições, expresso sobretudo nas declarações dos direitos econômicos e sociais), no sentido da prática de uma democracia substancial.

Tese tradicional tem negado eficácia jurídica às normas constitucionais programáticas, caracterizando então como programática toda norma constitucional que aponte para a transformação do *status quo* e para a conquista de novos direitos populares. Entretanto, a melhor doutrina (Pontes de Miranda, entre nós, por exemplo) e jurisprudência (na França e na Itália, desde os anos 50) têm reconhecido *eficácia vinculativa* ou *positividade jurídico-constitucional* (as expressões são de Canotilho) às normas constitucionais programáticas. Questão distinta, a da aplicação direta das normas constitucionais respeitantes aos direitos fundamentais (basicamente os direitos individuais e políticos, tanto os clássicos e os tradicionais como os novos), e não propriamente com relação às normas programáticas.

Qual finalmente a eficácia vinculativa ou a positividade jurídico-constitucional das normas programáticas? Em primeiro lugar, obrigando o legislador ordinário a legislar no sentido do mandamento da norma programática. Aqui, a importância da ação de inconstitucionalidade por omissão e do mandado de injunção e a necessidade de a classe trabalhadora não limitar sua luta por uma legislação econômica e social mais avançada apenas ao plano constitucional. Vinculação não apenas do legislador ordinário, mas também dos demais órgãos do Estado (Executivo e Judiciário). Demais, possuem eficácia interpretativa, além de gerarem verdadeiros direitos subjetivos, pelo menos em seu aspecto negativo, para os cidadãos.

3. Lassalle colaborou decisivamente, numa obra clássica, para que se entendesse a Constituição formal ou jurídica (a "folha de papel") como mero reflexo, simples epifenômeno da Constituição real e efetiva (os "fatores reais de poder"). Embora a conexão com a realidade seja um pressuposto da força normativa da Constituição formal ou jurídica, esta não é um simples reflexo das condições sociais, mas, devido a seu caráter normativo, pretende também, por sua vez, conformar a realidade. Aquele entendimento, levado às últimas conseqüências, conduz à afirmação da existência de uma oposição insuperável entre programa que fala no que ainda não existe e que deve ser obtido e conquistado no futuro, e Constituição que, pelo contrário, deve falar no que já existe e que já foi obtido e conquistado no momento presente (Stalin, por ocasião da discussão do projeto de Constituição para a URSS, em 1936).

O equívoco político da crítica à importância das normas constitucionais programáticas se revela melhor nas próprias palavras de um de seus mais competentes e autorizados intérpretes no Brasil: "a Constituição, para que não seja uma mentira e possa ser respeitada e acatada, há de contemplar tão-somente direitos que possam ser imediata e prontamente fruídos pela sociedade"; "nela (os constituintes) não deverão incluir senão acenos para o que o nosso modelo de organização social permita que a sociedade obtenha e, mais do que isso, senão para o de que, socialmente, estejam as forças dominantes dispostas a abrir mão em favor dos vinte e cinco milhões (Grau, Eros Roberto, *in A Constituinte e a Constituição que Teremos*, Editora Revista dos Tribunais, São Paulo, 1985, pp. 46-47) ".

Este aparente realismo político torna a Constituição em última análise inútil para as classes trabalhadoras. Se devemos criticar a hipocrisia constitucional representada pela revogação, muitas vezes, da Constituição formal ou jurídica pela Constituição real e efetiva, não podemos desconhecer a dimensão prospectiva da Constituição formal ou jurídica, apontando para um horizonte histórico mais avançado. Em outros termos, a Constituição formal ou jurídica não deve ser um obstáculo, mas um instrumento para o progresso da Constituição real e efetiva.

Nas democracias liberais, as Constituições costumam representar um compromisso entre tendências conservadoras e tendências reformadoras, entre o passado da democracia meramente formal e o futuro da democracia substancial. A realidade destas Constituições reflete em grande parte a própria dinâmica da democracia liberal. Em que pese as origens aristocráticas dela, a resistência e a organização populares possibilitaram efetivas conquistas que vieram a significar um real alargamento da prática democrática no interior da democracia liberal. Numa certa medida, os espaços democráticos existentes na democracia liberal foram sobretudo resultado da luta da classe trabalhadora, constituindo-se então como autênticos direitos populares. A democracia liberal caracteriza-se assim como uma relação de forças políticas, correspondendo parcialmente também às reivindicações dos explorados e dos dominados, ainda que nos parâmetros da ordem estabelecida. Em outros termos, a democracia liberal, como prática histórica da democracia, assinala-se como um processo dinâmico cujo resultado, sempre provisório, está além do horizonte político das classes dominantes, embora esteja aquém do horizonte político da classe trabalhadora.

O embate entre tendências conservadoras e tendências reformadoras tem como resultado a incorporação, nas modernas Constituições, de inúmeras normas concernentes aos direitos sociais, à organização da economia, à participação dos cidadãos, ao controle da administração. Como conseqüência de uma relação de forças políticas ainda desfavorável à classe trabalhadora, estas normas nem sempre desenvolvem força jurídica suficiente para impor-se de imediato na integralidade do seu mandamento legal. Expressam não só o ideário social da época, mas muitas vezes uma concessão apenas *em princípio* por parte das classes dominantes, remetendo portanto a uma decisão política ulterior o problema de sua integralização ou não. Trata-se aqui, do que se convencionou denominar na literatura jurídica de *normas programáticas*, se bem com uma certa impropriedade, já que possuem de qualquer maneira, como se viu, eficácia vinculativa, nos limites de sua eficácia é verdade. Ao mesmo tempo em que cumprem uma função legitimadora da ordem estabelecida, assumem também uma função prospectiva, apontando para o aperfeiçoamento ou mesmo a superação desta ordem. Neste sentido, Piero Calamandrei referia-se às Constituições modernas como "uma polêmica contra o passado e um programa de reformas em direção ao futuro".

Assim como nem todas as normas programáticas limitam-se aos chamados direitos sociais, conquista do moderno constitucionalismo, nem todos os direitos sociais restringem-se às normas programáticas. A experiência constitucional deste século aponta para o gradativo reconhecimento da eficácia plena e integral de direitos sociais anteriormente proclamados apenas em caráter programático, ampliando desta forma o horizonte histórico das Constituições. Neste particular, a sabedoria constitucional indica a necessidade tanto de avançarmos ao máximo no caminho da incorporação aos textos constitucionais de novos direitos sociais, na plenitude e integralidade de sua eficácia, generalizando, na medida do possível, as práticas sociais mais avançadas do momento, como de fixarmos novos programas ou metas para a atuação posterior do legislador ou do administrador.

Questão distinta, a da *eficácia social*, e não da eficácia jurídica da norma constitucional: a efetividade de direitos sociais já assegurados em sua plenitude e integralidade pela Constituição. Da mesma forma, a da integralização da vontade de normas programáticas atinentes aos direitos sociais, através de mecanismos como a inconstitucionalidade por omissão e o mandado de injunção, admitindo-se inclusive a suplência provisória de lei integrativa inexistente, por omissão do legislador ordinário, pela atividade jurisdicional da autoridade judiciária. Reconhecendo, neste caso, um direito subjetivo em seu aspecto positivo, e não apenas em seu aspecto negativo para os cidadãos.

Finalizando, caberia relembrar a magistral lição de Juan Bautista Alberdi, pai da Constituição argentina de 1853, para quem há Constituições de criação e Constituições de conservação, a América Latina necessitando das primeiras, isto é, daquelas que sirvam de instrumento para a construção de uma sociedade democrática e moderna.

3

Constituição exemplar

Texto publicado *in Diário do Sul*,
Porto Alegre, 28/12/1987.

Em sua célebre Oração Fúnebre, quando das exéquias dos primeiros atenienses mortos durante a Guerra do Peloponeso, Péricles lembra que "nós consideramos o cidadão que se mostra estranho ou indiferente à política como um inútil à sociedade e à República". Da mesma forma, Aristóteles refere-se, na Constituição de Atenas, a uma legislação de Sólon: "Vendo que na cidade surgiam muitas vezes discórdias profundas e que alguns cidadãos, por indiferença, preferiam omitir-se, promulgou uma lei especial com relação a estes, dizendo que 'aquele que, quando houvesse discórdia na cidade, não tomasse posição por uma ou por outra das partes ficava condenado à atimia (perda dos direitos políticos) e deixava de fazer parte da cidade'."

As palavras de Péricles e a legislação de Sólon, que devem ser compreendidas no contexto do mundo cultural helênico, segundo o qual o homem encontrava sua emancipação e realização através da integração na pólis, na cidade-Estado, refletem uma idéia fundamental da democracia grega clássica: a ênfase dada à participação política. Para Protágoras, um dos poucos filósofos então adeptos da democracia, numa verdadeira antecipação da doutrina da soberania popular do moderno constitucionalismo, todos os homens possuem, independentemente de origem, condição ou instrução, a *politiké techné*, a arte política. Neste sentido, a democracia grega clássica coloca-se em flagrante oposição a toda uma tendência contemporânea para quem a apatia política, isto é, a indiferença do cidadão para com a política, sem falar na marginalização política de amplos setores da sociedade, torna-se não só uma condição necessária para a "governabilidade" da democracia, mas também um bem e uma virtude políticos. Por isto mesmo, deve ser estimulada e favorecida. Esta concepção elitista da democracia, expressão teórica da prática atual das democracias liberais, transtorna a tradicional equação da democracia como o "governo do povo, para o povo e pelo povo", transformando-a, de acordo com Schumpeter, um de seus mais importantes defensores, num "governo dos políticos que concorrem pelo voto popular".

A principal objeção à democracia grega clássica parece concernir à existência da *escravidão*. Independentemente do fato de tratar-se de uma experiência ocorrida há mais de dois milênios, numa sociedade caracterizada por um fraco desenvolvimento das forças produtivas, a escravidão constituiu um limite incontestável, afetando de alguma forma a prática democrática. Entretanto, a divisão da sociedade grega antiga entre homens livres e escravos não consegue dar conta de sua complexidade e dinâmica. A sociedade dos homens livres era uma sociedade com inúmeras e profundas contradições de classe. A incorporação na vida da pólis das classes inferiores significou uma verdadeira revolução política. Neste sentido, a passagem da cidade oligárquica, baseada fundamentalmente na aristocracia rural, para a cidade democrática, sustentada sobretudo pela "burguesia" urbana, apresenta uma correspondência com as modernas revoluções democráticas. O mesmo poder-se-ia dizer com relação ao *imperialismo*, que permitiu um melhor florescimento da democracia em Atenas do que em outras cidades-Estados.

De acordo com Moses I. Finley (Finley, Moses I., *in A Política no Mundo Antigo*, Zahar Editores, Rio de Janeiro, 1985, capítulos 3 e 4), o governo na cidade-Estado apresentava uma *estrutura constitucional tripartite*: ao lado de uma Assembléia popular *(ecclésia)*, encontrávamos um Conselho *(boulê)* e as magistraturas, responsáveis pela administração. A pedra angular do sistema era a Assembléia popular, órgão do governo direto, o que diferencia em grande parte a democracia grega clássica da experiência da República romana antiga, o Senado aristocrático sendo o eixo da estrutura constitucional. A direção política da pólis estava em mãos desta Assembléia popular, cujos poderes eram em princípio ilimitados. O próprio Conselho, de 500 membros e com funções amplas, inclusive de fiscalização das magistraturas, procurava ser uma representação fiel da sociedade. As magistraturas, conseqüência da fragmentação do poder monárquico anterior e rigidamente fiscalizadas tanto pelo Conselho como pela Assembléia popular, apresentavam algumas peculiaridades. Elas eram a) múltiplas e especializadas, b) periódicas, normalmente em torno de um ano de mandato, e c) colegiadas. Com isto, procurava-se evitar a concentração do poder. Os magistrados, assim como os membros do Conselho, costumavam ser escolhidos por *sorteio*, proibida geralmente a renovação do mandato, já que as eleições, onde o prestígio familiar, o poder econômico, a capacidade oratória, entre outros atributos pessoais, produziam em grande parte os resultados, eram consideradas "aristocráticas". O "ostracismo", por sua vez, constituía um último recurso da pólis contra alguma liderança cujo prestígio desmesurado pudesse eventualmente colocar em risco a prática democrática. Traço marcante da pólis, assinalado por Jean-Pierre Vernant (Vernant, Jean-Pierre, *in Les Origines de la Pensée Grecque*, PUF, Paris, 1983, p. 46), é o caráter de plena *publicidade* dada às manifestações mais importantes da vida social: práticas políticas abertas em oposição aos procedimentos secretos, característicos do Estado moderno com seus *arcana imperii* (segredos ou mistérios do Estado). Publicidade esta permitindo não só um maior controle da atividade governamental, como também uma melhor viabilização da participação política. Esta estrutura governamental, compatível com uma ampla participação política e controle do poder, funcionou adequadamente mesmo em situações críticas, em que a própria sobrevivência da pólis estava em questão, exigindo, portanto, do Estado medidas urgentes, enérgicas e eficazes, como durante a Guerra do Peloponeso.

A trajetória da democracia em Atenas, onde ela melhor floresceu, não foi uniforme desde as reformas de Clístenes (509 a.C.) e Efialtes (462-461 a.C.) até 322 a.C., quando se encerra a experiência. Ela esteve sujeita, aliás, a duas revoluções oligárquicas: em 411 a.C. e em 404 a.C.. Alguns autores enfatizam o fato de a liderança política ter sido monopolizada sobretudo pelas camadas mais ricas da sociedade, parecendo, entretanto, ignorar que esta liderança era estreitamente controlada pela Assembléia popular, suas prerrogativas em nada se assemelhando com aquelas existentes no Estado moderno. Parece incontestável que os setores urbanos, inclusive por maior facilidade de deslocamento, tendiam a ter uma presença desproporcional na Assembléia popular, o que nem sempre ocorria, sobretudo quando questões importantes iam à discussão. Fenômenos de manipulação da opinião e do voto não estavam de todo ausentes; alguns mecanismos democráticos, como o "ostracismo", foram eventualmente utilizados com outros objetivos. Na ênfase dada à participação política, desconsideraram-se em grande parte os direitos individuais.

O importante a resgatar da experiência da democracia grega clássica é sobretudo sua inspiração. Participação política e controle social do poder, como bases de uma autêntica democracia. Atenuação do papel da liderança política, superação dos limites da democracia meramente representativa, já duramente criticada, desde o século XVIII, por Rousseau, e cujo principal subproduto parece ser a profissionalização política e a autonomia do representante com relação ao representado. Neste sentido, a proposta de uma democracia participativa, de uma democracia de massas, retoma uma inspiração essencial à democracia grega clássica, no sentido de uma reapropriação por parte do cidadão de sua dimensão política que lhe foi expropriada no contexto do Estado moderno.

4

A Revolução Francesa e a Declaração dos Direitos

A Revolução e a Construção dos Direitos

Texto publicado *in Revista de Informação Legislativa*,
Senado Federal, Brasília, a. 27, nº 106, abril a junho de 1990.

4.1. Introdução

A idéia de Constituição não era completamente estranha ao Estado absolutista e ao Antigo Regime. Sob a denominação de "leis fundamentais da monarquia", normas costumeiras de caráter constitucional colocavam-se acima do legislador ordinário, o rei, que lhes devia obediência e respeito. Entretanto, seu conteúdo restringia-se a alguns poucos elementos, não significando na realidade uma verdadeira limitação ao poder monárquico. A grande novidade do constitucionalismo, a partir da segunda metade do século XVIII, foi a exigência de elaboração de textos constitucionais escritos, a Constituição inglesa, Constituição costumeira, representando a grande exceção a este respeito.

Com o constitucionalismo, a Constituição passa a ser considerada como a própria explicitação, renovação ou atualização do contrato social originário. Através da elaboração de textos constitucionais escritos, fixando em documento solene a organização política do Estado, pretendeu-se melhor conter o poder.

O célebre artigo 16 da Declaração dos Direitos do Homem e do Cidadão de 1789: "Toda sociedade na qual a garantia dos direitos não é assegurada, nem a separação dos poderes determinada, não tem Constituição", indica o conteúdo básico das Constituições da época: a declaração de direitos e a estrutura do poder. A Constituição surge, portanto, como um estatuto da liberdade, de defesa do cidadão e da sociedade face às investidas do poder. Este seu profundo significado histórico.

As declarações de direitos passaram a ser geralmente incorporadas no preâmbulo das Constituições, traduzindo a inspiração libertária do constitucionalismo clássico, tão bem atestada no artigo 7º da Declaração dos Direitos do Homem e do Cidadão de 1793: "A necessidade de enunciar estes direitos supõe ou a presença ou a lembrança recente do despotismo." Embora encontremos precedentes na Inglaterra, a tradição de declarações dos direitos nasceu na América do Norte. A primeira delas foi a Declaração de Direitos de Virgínia de 1776. Não há declaração dos direitos abrindo a Constituição norte-americana de 1787. Entretanto, encontramos o equivalente dela sob a forma das primeiras emendas à Constituição aprovadas em 1791. Além disto, a Declaração da Independência de 1776 foi igualmente uma declaração dos direitos. A mais célebre de todas seria a Declaração dos Direitos do Homem e do Cidadão de 1789. Após a primeira guerra mundial, as novas Constituições européias foram precedidas de declarações dos direitos. Da mesma forma, após a segunda guerra mundial, para a maior parte das Constituições.

As primeiras declarações de direitos foram sobretudo declarações de direitos individuais e políticos. Após a primeira guerra mundial, seu conteúdo ampliou-se significativamente, abrangendo matéria econômica e social, caracterizando-se então as declarações de direitos também como declarações de direitos econômicos e sociais. Esta uma das grandes diferenças existentes entre o constitucionalismo clássico, de base individualista, e o constitucionalismo social, impulsionado em grande parte pela luta da classe trabalhadora. A Constituição da República de Weimar de 1919 serviu de modelo para o constitucionalismo social, embora a Constituição mexicana de 1917 a precedesse de mais de dois anos neste caminho. Aliás, a Constituição jacobina de 1793 já previra alguns dos denominados "direitos sociais".

O fato de as declarações de direitos corresponderem principalmente ao constitucionalismo não pode levar ao desconhecimento da existência de direitos fundamentais anteriormente ao constitucionalismo. Entretanto, na Idade Média e durante o Antigo Regime, estes direitos eram direitos "estamentais", correspondentes aos estamentos ou às ordens em que estava dividida e estratificada a sociedade. Na realidade, significavam antes privilégios do que verdadeiros direitos, embora se caracterizassem como importante instrumento de contenção do poder real.

Tocqueville, em *O Antigo Regime e a Revolução*, chama a atenção para esta liberdade singular, convindo a transcrição desta célebre passagem:

> "No meio de muitas instituições já preparadas pelo poder absoluto, a liberdade vivia; mas era uma espécie de liberdade singular, sendo difícil fazer-se hoje uma idéia exata, sendo preciso examinar-se de muito perto para poder compreender o bem e o mal que ela nos pode fazer."

E continua:

> "Seria um equívoco crer-se que o Antigo Regime foi um tempo de subserviência e de dependência. Havia muito mais liberdade do que em nossos dias; mas era uma espécie de liberdade irregular e intermitente, sempre reduzida aos limites das classes,

sempre ligada à idéia de exceção e de privilégio, que permitia enfrentar tanto a lei como a arbitrariedade e que quase nunca chegava a fornecer a todos os cidadãos as garantias as mais naturais e as mais necessárias. Assim reduzida e deformada, a liberdade ainda era fecunda."[1]

Num certo sentido, a luta pela liberdade religiosa será a primeira manifestação por um direito de caráter geral. Jellinek assinala, aliás, que a liberdade religiosa foi o primeiro germe a partir do qual se desenvolveu o sistema dos direitos do homem e do cidadão.

O surgimento das declarações de direitos está relacionado com o processo das chamadas "revoluções burguesas". Embora tratando-se de acontecimento histórico geral, este processo assume peculiaridades e particularidades conforme o país em questão, podendo-se com propriedade falar em distintas "vias" - não modelos - na transição para a sociedade capitalista moderna. As declarações de direitos repercutiram em grande parte estas peculiaridades e particularidades, sendo comum referir-se assim, por exemplo, ao maior pragmatismo das declarações anglo-saxônicas e ao maior universalismo das declarações francesas.

Para melhor situar a especificidade das declarações francesas, convém primeiramente examinar algumas questões que dizem respeito à própria Revolução Francesa. Antes, porém, rápidas observações com relação ao

---

[1] in L'*Ancien Régime et la Révolution*, Editions Gallimard, Paris, 1967, pp. 191 e 204.
O autor acrescenta ainda, *op. cit.*, p. 205: "*C'est elle* (esta liberdade) *qui, dans le temps même où la centralisation travaillait de plus en plus à égaliser, à assouplir et à ternir tous les caractères, conserva dans un grand nombre de particuliers leur originalité native, leur coloris et leur relief, nourrit dans leur coeur l'orgueil de soi, et y fit souvent prédominer sur tous les goûts le goût de la gloire. Par elle se formèrent ces âmes vigoureuses, ces génies fiers et audacieux que nous allons voir paraître, et qui feront de la révolution française l'objet tout à la fois de l'admiration et de la terreur des générations qui la suivent. Il serait bien étrange que des vertus si mâles eussent pu croître sur un sol où la liberté n'était plus.*"

empirismo e ao racionalismo constitucionais, procurando relativizar a oposição entre ambos na experiência constitucional, como forma de igualmente relativizar a alegada oposição entre o maior pragmatismo das declarações anglo-saxônicas e o maior universalismo das declarações francesas.

4.2. Empirismo e racionalismo constitucionais

Ao assinalar que as Constituições são sempre um compromisso entre as tradições políticas existentes e o direito constitucional geral, Mirkine-Guetzévitch, jurista da primeira metade deste século, sugeria a presença de duas tendências básicas na história do constitucionalismo. Por um lado, o *racionalismo constitucional*, predominante na experiência francesa, por outro, o *empirismo constitucional*, preponderante na tradição anglo-saxônica, onde o costume, no caso inglês, e a jurisprudência, no caso norte-americano, assumem papel decisivo nos delineamentos da ordem constitucional.

Não cabe aqui indagar das razões culturais, jurídicas, políticas, sociais do predomínio de uma ou de outra das tendências, correspondendo em grande parte a distintos processos de transição para uma sociedade capitalista moderna. Importa sobretudo destacar que, embora diferentes, estas tendências não são necessariamente conflitantes, a melhor técnica de elaboração constitucional devendo saber incorporar elementos de ambas. Assim, as declarações de direitos inglesas, ainda que mais concretas do que as declarações de direitos francesas, inspiraram-se igualmente na concepção do "direito natural" e na teoria do "contrato social". De modo diverso, o parlamentarismo da IIIª República Francesa (1870/1940) procedeu antes do costume constitucional do que das três leis constitucionais de 1875.

Racionalismo constitucional e empirismo constitucional podem eventualmente apresentar-se, ao acentuarem seus traços determinantes e diferenciadores, sob duas formas extremas: o teorismo constitucional e o casuísmo constitucional. Do primeiro, temos o exemplo em algumas Constituições européias elaboradas após 1919 com a colaboração de eminentes constitucionalistas (Preuss, com relação à Constituição alemã de 1919; Kelsen, com relação à Constituição austríaca de 1920; Posada, com relação à Constituição espanhola de 1931), as denominadas "Constituições dos professores" que procuraram precisar, sistematizar, codificar práticas e costumes constitucionais existentes até então. Daí, a expressão "parlamentarismo racionalizado" para o sistema de governo resultante destas Constituições. Mas talvez o exemplo mais eloqüente de teorismo constitucional seja ainda o da Constituição francesa de 1793, verdadeiro marco na história das idéias políticas, tendo inclusive consagrado pela primeira vez a concepção dos "direitos sociais". Após seu solene depósito sobre a mesa da convenção, em uma arca de cedro, sua aplicação foi finalmente adiada para tempos mais apropriados pelo decreto de 5 de outubro do mesmo ano ("O Governo será revolucionário até a paz"). No que se refere ao casuísmo constitucional, são igualmente inúmeros os exemplos na história do constitucionalismo, a começar pelo pseudoconstitucionalismo do século passado, denunciado já na época por Lassalle não como uma conquista do povo, mas, ao contrário, como um triunfo do absolutismo. Curiosamente, teorismo constitucional e casuísmo constitucional costumam andar de mãos dadas na experiência constitucional latino-americana, provocando os mais perversos efeitos e colaborando em última análise para a relativização das liberdades públicas, seja por sua falta de efetividade, seja ainda por sua pura e simples negação.

As principais diferenças entre as declarações de direitos anglo-saxônicas e as declarações de direitos francesas não residem na alegada oposição entre o maior pragmatismo daquelas e o maior universalismo destas, mas se enraízam sobretudo no caráter mais social e democrático das declarações de direitos francesas. Conseqüência inclusive da "via" francesa na transição para a sociedade capitalista moderna.

4.3. As diversas revoluções francesas

Aplica-se perfeitamente à Revolução Francesa a assertiva de Croce de que "toda história é contemporânea". A história das revoluções, em especial a história da Revolução Francesa, constitui-se em um dos lugares privilegiados dos enfrentamentos políticos e ideológicos contemporâneos. Embora escrita com referência ao passado, exerce uma função política no presente, exprimindo-se muitas vezes através dela questões decisivas de nosso tempo.

Como sabemos, a palavra história não é um termo unívoco, mas equívoco, designando tanto a realidade, como a consciência que temos da realidade, com a particularidade de a consciência da realidade fazer parte da própria realidade. Neste sentido, podemos falar sobre a Revolução Francesa tanto com relação ao processo, ao desenrolar dos acontecimentos, como com relação à reflexão em torno do processo, com relação à historiografia da Revolução Francesa. Com a agravante de identificarmos, em ambos os significados, diversas Revoluções Francesas, isto é, diferentes interpretações e distintos processos em que pese um mesmo fenômeno revolucionário.

4.3.1. A historiografia da Revolução Francesa

Embora sabendo que toda simplificação é caricatural, podemos perceber na atualidade quatro correntes principais: uma historiografia claramente contra-revolucionária, condenando globalmente o acontecimento; uma historiografia marxista ou socialista ortodoxa; uma historiografia marxista ou socialista libertária e o denominado "revisionismo histórico" liberal ou neoliberal.

As principais críticas, sobretudo do "revisionismo histórico", articulam-se em torno de alguns eixos fundamentais: a concepção de uma revolução "ocidental" ou "atlântica", negando ou relativizando a especificidade da Revolução Francesa com relação à Revolução Inglesa ou à Revolução Norte-Americana; a idéia da Revolução Francesa como um mito, o papel histórico da burguesia sendo posto em questão; no limite, não existiria uma burguesia revolucionária e condutora do processo, não se podendo portanto propriamente falar em revolução burguesa ou então desaparecendo a revolução como acontecimento de caráter fundamentalmente burguês; a afirmação da existência de uma "derrapagem", de um "desvio", quando não de uma "deriva histórica" da Revolução Francesa por ocasião sobretudo da experiência jacobina; tese de uma "dispensabilidade" da Revolução Francesa, as transformações capitalistas da sociedade já sendo devidamente implementadas pelo *Ancien Régime*, tese esta que retoma em grande parte as análises do Tocqueville de *O Antigo Regime e a Revolução*.

Neste contexto, algumas polêmicas permeiam a reflexão historiográfica: "revolução da conjuntura" ou "revolução das estruturas"; "revolução necessária" ou "revolução contingente"; "revolução política" ou "revolução social"; revolução vista "de cima" ou revolução vista "por baixo"; o papel dos segmentos populares no processo revolucionário, entre outras, o que nos remete ao tópico seguinte.

4.3.2. O processo da Revolução Francesa

Em todos os grandes movimentos históricos, observamos movimentos autônomos de classe, não escapando a esta realidade a Revolução Francesa. Neste sentido, Georges Lefebvre constata que "a Revolução (Francesa) é um fato complexo; não há apenas uma Revolução, mas diversas"[2]. Verificamos assim, no interior de um mesmo fenômeno revolucionário que mantém sua unidade e coerência, uma revolução aristocrática sem a qual, segundo o mesmo autor, "a revolução burguesa seria inexplicável", uma revolução camponesa, uma revolução do Terceiro-Estado, uma revolução liberal, uma revolução democrática, uma revolução popular e mesmo, para alguns, um embrião de revolução proletária.

Assinala-se a existência de quatro componentes no processo revolucionário: liberal-burguês, democrático pequeno-burguês, agrário-camponês e urbano-plebeu. Algumas das principais controvérsias dizem exatamente respeito ao peso e ao papel deste elemento urbano-plebeu na Revolução Francesa. Os "descamisados", a *sans-culotterie*, como se denominou, constituíam uma simples retaguarda econômica, em que pese serem uma vanguarda política da revolução, e significaram uma mera força de apoio à burguesia revolucionária, levando às últimas conseqüências a ruptura com o Antigo Regime? Ou, ao contrário, expressaram também uma luta concorrente que, sem poder desviar o sentido geral do processo revolucionário, representou em grande parte a antecipação de um projeto político de superação da sociedade burguesa então emergente?

Para Jean-Jaurès, enquanto que a Revolução Inglesa manteve-se "estreitamente burguesa e conservadora", a Revolução Francesa caracterizou-se como "largamente burguesa e democrática". Aliança plebéia entre a bur-

---

[2] in *La Révolution Française et les Paysans, Etudes sur la Révolution Française*, PUF, Paris, 10ª edição revista, 1963, p. 341.

guesia revolucionária e as camadas populares do campo e da cidade, apresentou, no plano político, um caráter clássico, levando às últimas conseqüências a ruptura com o Antigo Regime. Suas declarações dos direitos superam as declarações anglo-saxônicas, com ênfase nos direitos sociais e na idéia da igualdade, não apenas formal mas também material. Razões tantas para a importância e a influência da Revolução Francesa.

4.4. As declarações de direitos francesas

Como salientamos acima, os direitos na Idade Média e durante o Antigo Regime caracterizavam-se sobretudo como direitos "estamentais", a luta pela liberdade religiosa representando uma primeira manifestação por um direito de caráter geral. A esta, associam-se com o tempo outros direitos individuais e políticos, passando a ser liberdades gerais no plano já do Direito Público, e não mais privilégios corporativos sob o regime do Direito Privado.

A positivação das liberdades, do "direito natural", dá-se através de longo processo histórico, as declarações inglesas (*Petition of Rights* de 1628, *Act of Habeas Corpus* de 1679 e *Bill of Rights* de 1688) sendo as primeiras. Estas declarações pioneiras eram em grande parte o reconhecimento em documentos e leis de direitos praticados com anterioridade e resultantes de conquistas parciais e gradativas. Por isto mesmo, inúmeros autores salientam o maior pragmatismo das declarações inglesas, a fundamentação racionalista exprimindo-se mais enfaticamente nas declarações norte-americanas e principalmente nas declarações francesas. Enquanto aquelas proclamavam "direitos dos cidadãos ingleses", estas alcançariam uma maior universalidade.

Esta diferença foi relativizada, entre outros, por Maurice Duverger, ao referir-se à Declaração dos Direitos do Homem e do Cidadão de 1789:

"Com o recuo do tempo e o desaparecimento dos abusos que a motivaram, esta Declaração pareceu para alguns uma obra puramente teórica, com um caráter muito exclusivamente especulativo. Na verdade, a Declaração apresenta ao contrário um caráter eminentemente prático; atrás de cada uma de suas fórmulas solenes, é um abuso preciso do Antigo Regime que é denunciado e reprimido. Como acentuará sutilmente, um pouco mais tarde, o artigo 7º da Declaração de 1793: 'a necessidade de enunciar estes direitos (do homem) supõe ou a presença ou a lembrança recente do despotismo'. É porque o realismo da Declaração de 1789 aparece hoje com uma evidência nova."[3]

Habermas, ao comparar as declarações de direitos norte-americanas com as declarações de direitos francesas, acentua, talvez com maior precisão, as peculiaridades destas últimas:

"De fato, existem diferenças evidentes. Sem lugar para dúvidas, americanos e franceses aludem na mesma medida a princípios do direito natural moderno; a comunidade da base de legitimação chega até a expressão textual, especialmente nas declarações de direitos fundamentais de ambos os países. Mas precisamente estas declarações têm um sentido especificamente distinto, apesar de sua coincidência material. Os colonos americanos queriam legitimar com o recurso aos direitos humanos sua independência do Império britânico; os franceses, uma subversão do *Ancien Régime*. Certamente nos dois casos constituiu-se uma constituição estatal

---

[3] in *Les Constitutions de la France*, PUF, Paris, 9ª edição, 1971, p. 40.

que se mantém no marco dos direitos fundamentais declarados. Mas já o valor posicional externo das declarações, anteposto como preâmbulo da Constituição francesa, meramente acrescentado como *amendments* da americana, não é acidental. No essencial, as *Bill of Rights* inventariam os direitos existentes possuídos pelos cidadãos britânicos. A forma de sua fundamentação, universal e jusnaturalista, só se torna necessária na perspectiva da emancipação com respeito à mãe pátria. As declarações de direitos fundamentais, que no substancial são recapitulados nas primeiras frases da Declaração de Independência, têm como tal, antes de tudo, o sentido de fornecer à matéria jurídica herdada outro fundamento de legitimação; frente a isto, a Declaração Francesa deve fundamentalmente, em primeiro lugar, pôr em vigência positivamente um novo direito. Na França, o sentido revolucionário da Declaração radica na fundamentação de uma nova Constituição; na América, na independência, em conseqüência da qual se faz necessária, com efeito, uma nova Constituição."[4]

---

[4] *in Teoría y Praxis, Estudios de Filosofia Social*, Editorial Tecnos SA, Madrid, 1987, pp. 91-92.
Algumas destas diferenças já tinham sido desde há muito apontadas por Émile Boutmy. Veja-se, por exemplo, *in Études de Droit Constitutionnel. France - Angleterre - États-Unis*, Librairie Armand Colin, Paris, 4ª edição, 1903, pp. 294-295: *"J'admets le rapport de succession et même de filiation qu'on peut établir entre les déclarations des droits des États et les dix amendements. Mais j'en tire précisément l'inférence opposée. Pourquoi le second texte n'a-t-il pas reçu le titre de déclaration des droits? Cela eût été si naturel alors qu'on en prenait ouvertement la substance dans un instrument de cette dénomination. Jefferson l'avait demandé. On préféra les mots d'amendements et d'articles: mots ternes et, de plus, très-peu pertinents; car ces amendements n'amendent rien et sont simplement une annexe. La modification du titre est ici d'autant plus significative que les emprunts au texte original sont plus évidents; elle indique que l'esprit est autre. Et en effet, l'imitation n'a point porté sur les maximes philosophique, sur les principes de droit naturel; on les a laissés de côté; les dix amendements n'en contiennent aucun. Tout y est disposition légale, impérative, précise, pratique. Enfin ces dispositions mêmes sont moins transcrites des constitutions des États que tirées de ce fonds commum de l'antique* Common law *anglaise, où les États les avaient*

As liberdades inglesas foram justificadas antes pelo costume e pela tradição, pela história em suma, do que pela especulação filosófica. Embora marcadas também pelo empirismo, as declarações norte-americanas invocaram o universalismo do direito natural. Aristocracia e burguesia associando-se no poder, nem a liberdade, nem a igualdade foram totalmente reconhecidas em ambos os casos. Ao contrário, aliança plebéia entre a burguesia revolucionária e as camadas populares do campo e da cidade, a Revolução Francesa caracterizou-se por ser tanto uma revolução da liberdade, como uma revolução da igualdade, ultrapassando as experiências anteriores e revelando seu caráter mais social e democrático.

---

prises. *Ce sont des droits historiques et classiques. Plusieurs États les avaient fait pécéder d'un maître des cérémonies philosophe, d'un licencié en métaphysique. La Convention de Philadelphie a supprimé le maître des cérémonies. Voilá toute la différence. Ces droits et ces garanties contiennent sans doute de la philosophie; - la philosophie est au fond de toute chose, même de l'histoire - mais ils ne doivent rien à une élaboration philosophique récente."*

Lembre-se que, durante a Assembléia Constituinte francesa, discutiu-se muito sobre a própria oportunidade de uma proclamação oficial dos direitos, sobretudo se ela deveria ser feita fora da Constituição e antes dela; sobre a necessidade ou não de uma declaração dos deveres acompanhar a declaração dos direitos, como ocorreria com a Constituição termidoriana de 1795 etc., o que acentua o caráter político da decisão final, em contraste com a solução norte-americana.

Num outro registro, Giorgio del Vecchio assinala, *in La Déclaration des Droits de l'Homme et du Citoyen dans la Révolution Française*, Fondation Européenne Dragan, Roma, p. 52, que *"La Déclaration des droits a donc vraiment une double signification: de négation du passé et de préparation de l'avenir. Il ne faut pas s'étonner qu'elle ait été considérée et présentée alors de préférence sous son premier aspect; d'ailleurs, il n'aurait pas été possible de rendre immédiatement effectif ce qu'elle impliquait de positif".* E continua, pp. 91-92: *"Mais ce qui donne á la Déclaration française une importance historique de premier ordre, plus grande encore que celle des bills of rights américains, c'est qu'elle offrit à tous les peuples d'Europe encore assujettis à un régime absolu, un modèle théorique de liberté, duquel ils s'inspirèrent plus que d'aucun autre dans leurs revendications politiques, en associant dès lors l'idée d'un gouvernement libre à celle d'une détermination fondamentale des droits du citoyen. Et une partie au moins des principes de la Déclaration fut accueillie dans les constitutions des États modernes les plus avancés."*

Não só o maior universalismo das declarações francesas. Entre outras coisas, a abolição da "escravidão dos negros em todas as colônias" foi proclamada em 4 de fevereiro de 1794; o sufrágio universal, conquistado após o 10 de agosto de 1792; a liberdade de consciência, afirmada, inclusive reconhecendo-se, com a criação do estado civil, em 20 de setembro de 1792, o direito de o cidadão não aderir a nenhuma religião. Igualmente, um esboço de democracia social, na perspectiva de uma "igualdade de fato", que se expressa na declaração dos direitos de 1793. Assim, o direito à instrução, o direito ao trabalho e a proteção contra a indigência. Além disto, a taxação e a regulamentação, inaugurando o dirigismo econômico, reclamado pelo movimento popular.

Tanto na declaração de 1789, como na de 1793, a propriedade é considerada como um direito natural e imprescritível, ao lado da liberdade, da igualdade e da segurança, revelando o horizonte burguês destas declarações. Entretanto, na de 1793, reconhece-se a igualdade não apenas em direito, mas também pela natureza: "todos os homens são iguais pela natureza e face à lei"; a teoria da soberania nacional é substituída pela teoria da "soberania popular"; o direito de insurreição, "o mais sagrado dos direitos e o mais indispensável dos deveres", afirmado[5].

---

[5] Salientamos, anteriormente, que a aplicação da Constituição de 1793 foi adiada em função do "governo revolucionário". Entretanto, não podemos ignorar sua importância sobretudo no plano da história das idéias políticas. A este propósito, veja-se Giorgio del Vecchio, *op. cit.*, p. 51:
"*Ce ne fut certes pas durant les troubles de l'époque révolutionnaire que la Déclaration des droits (de 1793) put trouver sa pleine et positive actuation. Alors, elle était surtout un étendard de guerre contre les résidus de l'ancien régime qui s'agitaient encore à l'intérieur, et contre les efforts des Etats étrangers qui tentaient d'imposer par la violence la restauration de ce régime. En aucun temps les principes de la Déclaration ne furent en réalité aussi gravement violés que durant la lutte terrible qui fut combattue en leur nom: mais il n'en est pas moins vrai qu'ils jouèrent le rôle 'idées directrices' dans le grand bouleversement et que leur actuation fut regardée comme le véritable but de celui-ci. Les chefs des gouvernements révolutionnaires voulurent abattre l'ancien régime avec ses propres armes; ils instituèrent une dictature tyrannique, qui supprima momentanément toutes les*

A superação do horizonte burguês destas declarações seria proposta por Babeuf e a Conspiração dos Iguais, inaugurando uma terceira via na Revolução Francesa, a propriedade coletiva sendo o meio de assegurar a igualdade de fato reivindicada.

O teor das declarações de direitos reflete em grande parte o caráter das distintas vias na transição para a sociedade capitalista moderna, ou, em um mesmo processo revolucionário, dos diferentes momentos e etapas. A radicalidade da experiência francesa, o conteúdo social e democrático da Revolução Francesa realçam o significado das declarações francesas quando em comparação com as declarações anglo-saxônicas.

---

garanties de la liberté, pour lesquelles on combattait; ils persécutèrent farouchement, avec des jugements sommaires et des condamnations impitoyables, ceux qui étaient ou que l'on supposait contraires au nouvel idéal juridique que l'on voulait réaliser dans la nation. Mais - il faut le souligner - ils le firent dans le but d'assurer le triomphe définitif de cet idéal: le régime de la terreur n'était, dans leur esprit, rien qu'une nécessité provisoire, pour empêcher le redressement du régime qui venait d'étre abattu, et rendre possible celui qui devait lui succéder."

5

Direitos humanos[6]

Texto inédito, 1995.

5.1. Introdução

O fenômeno social por excelência é o poder: poder ideológico, poder político, poder social etc. O processo civilizatório é um processo de afirmação da liberdade, num sentido genérico, face ao poder, em quaisquer de suas manifestações. Os direitos humanos refletem esta afirmação, sempre sujeita a retrocessos.

Na contraposição poder *x* sociedade, Estado, como poder político institucionalizado *x* sociedade, é seu segundo termo, a sociedade, que está mais sujeito a ameaças. Aliás, Rousseau já chamara a atenção para o vício inerente e inevitável de todo o governo no sentido da usurpação da soberania popular.

Ilustrativas do problema, as passagens abaixo:

"Tudo no Estado, nada contra o Estado, nada fora do Estado. O indivíduo só existe na medida em que

---

[6] Utilizamos aqui a expressão *direitos humanos* (ou *direitos do homem*) num sentido genérico, tal como empregada na *Declaração Universal dos Direitos do Homem*, aprovada em Resolução da III Sessão Ordinária da Assembléia Geral das Nações Unidas, em 10/12/1948. Esta *Declaração* inclui os clássicos direitos individuais e políticos, os direitos econômicos e sociais dos denominados direitos de terceira geração (ver infra).

faz parte do Estado e na medida em que permanece subordinado às necessidades do Estado (Mussolini, Enciclopédia Fascista)".

e

"Toda sociedade na qual a garantia dos direitos não é assegurada, nem a separação dos poderes determinada, não possui Constituição (art. 16 da Declaração dos Direitos do Homem e do Cidadão de 1789)."

Inicialmente, encontramos o monopólio do poder ideológico, do poder político e do poder econômico. Assim, os grandes impérios da antiguidade. O monopólio do poder econômico, foi o primeiro a ser quebrado. Mas ainda durante a Idade Média persistiu o monopólio do poder ideológico. Neste sentido, a liberdade religiosa, conquista do mundo moderno, foi um passo significativo na quebra do monopólio do poder ideológico.

A sociedade liberal-democrática compatibiliza-se com a quebra do monopólio do poder ideológico e do poder econômico, em que pese os fenômenos da manipulação ideológica e da exploração econômica. Entretanto, o monopólio do poder político é ainda uma realidade do Estado moderno. Lembremo-nos, neste particular, da célebre caracterização do Estado por Max Weber como o "monopólio da força física legítima".

Isto nos remete ao exame da institucionalidade do Estado moderno, sobretudo à análise das formas institucionais que assegurem um maior controle social do poder político na perspectiva de uma democracia participativa em que o monopólio do poder político seja relativizado.

5.2. Histórico

a) antiguidade: desconhecimento em grande parte dos direitos humanos.

b) Grécia clássica: relatividade dos direitos humanos. A vida dos gregos antigos é condicionada pela existência da cidade-Estado, a "pólis", numa absorção do indivíduo pela "pólis". Entretanto, os direitos políticos são afirmados. Nesta perspectiva, Benjamin Constant distingue entre a *liberdade dos antigos*, antes de tudo a participação na vida da "pólis", da *liberdade dos modernos*, antes de tudo a realização da vida pessoal.

c) cristianismo, após o estoicismo: afirmação do valor infinito do ser humano individual e da unidade do gênero humano. Neste sentido, as palavras de São Paulo na Epístola aos Gálatas:

> "Não há judeu, nem grego; não há servo, nem livre; não há homem, nem mulher. Porque todos vós sois um só em Jesus Cristo."

d) constitucionalismo moderno: afirmação dos direitos humanos, tanto no que diz respeito aos direitos individuais, como aos direitos políticos, cristalizando-se nas declarações dos direitos.

5.3. As declarações de direitos

O fato de as declarações de direitos corresponderem principalmente ao constitucionalismo moderno não pode levar ao desconhecimento da existência de direitos fundamentais anteriormente a ele. Entretanto, na Idade Média e durante o Antigo Regime, estes direitos eram direitos "estamentais", correspondentes aos estamentos ou às ordens em que estava dividida e estratificada a sociedade. Na realidade, significavam antes privilégios do que verdadeiros direitos, embora se caracterizassem como importante instrumento de contenção do poder monárquico.

Num certo sentido, a conquista da liberdade religiosa será a primeira manifestação por um direito de caráter geral. Jellinek assinala, aliás, que a liberdade religiosa foi o primeiro germe a partir do qual se desenvolveu o sistema dos direitos do homem e do cidadão. As primeiras declarações de direitos foram sobretudo declarações dos direitos individuais e políticos. Após a primeira guerra mundial, seu conteúdo ampliou-se significativamente, abrangendo matéria econômica e social, caracterizando-se então as declarações dos direitos também como declarações de direitos econômicos e sociais. Esta uma das grandes diferenças existentes entre o constitucionalismo clássico, de base individualista, e o constitucionalismo social, impulsionado em grande parte pela luta da classe trabalhadora. A Constituição da República de Weimar de 1919 serviu de modelo para o constitucionalismo social, embora a Constituição mexicana de 1917 a precedesse de mais de dois anos neste caminho. Aliás, a Constituição jacobina de 1793 já previra alguns dos denominados "direitos sociais", responsabilidade genérica da sociedade.

Fala-se tradicionalmente na existência de três *gerações* das declarações de direitos. A primeira, correspondente aos clássicos direitos individuais e políticos; a segunda, referente aos direitos econômicos e sociais, e a terceira atinente aos novos direitos, relacionados em grande parte com as novas preocupações da sociedade contemporânea: minorias, meio ambiente, informática etc.

Cabe ainda ressaltar que se direitos individuais diziam sobretudo respeito a direitos que implicavam uma abstenção por parte do Estado, os direitos econômicos e sociais e os novos direitos dizem respeito também a prestações a serem prestadas principalmente pelo Estado, embora também pela sociedade[7].

---

[7] Jellinek distinguirá assim entre o *status* negativo ou *status libertatis*, referente basicamente aos direitos individuais, o *status* ativo ou *status activae civitatis*, atinentes fundamentalmente aos direitos políticos, e o *status* positivo ou *status civitatis*, concernentes a prestações a serem prestadas principalmente pelo Estado, embora também pela sociedade, isto é, a pretensões jurídicas positivas.

Clássicos direitos individuais e políticos, direitos econômicos e sociais, novos direitos. Nem sempre estes direitos têm na sua totalidade *status* constitucional, encontrando muitas vezes guarida na legislação infraconstitucional.

No Brasil, desde a Constituição de 1824, foram reconhecidos os clássicos direitos individuais e políticos, embora nesta primeira Constituição não fossem consagrados, ao lado dos direitos, suas respectivas garantias, o que só viria a ocorrer com a Constituição de 1891. A Constituição de 1934 será propriamente a primeira (a reforma de 1926 da Constituição de 1891 representará um primeiro passo nesse sentido) a reconhecer os direitos econômicos e sociais. A Constituição de 1988, por sua vez, incorporará os avanços do constitucionalismo contemporâneo, inclusive a chamada terceira geração dos direitos.

5.4. Conceituação básica

Nem sempre há uniformidade nas expressões empregadas, seja por parte dos autores, seja nos textos legislativos. Procuramos abaixo indicar alguns conceitos básicos:

a) *direitos humanos e direitos fundamentais*:

"Os conceitos 'direitos fundamentais' e 'direitos humanos' entendem-se seguidamente como sinônimos. Entretanto, segundo sua origem e também conforme os usos linguísticos, cabe fazer a seguinte distinção: direitos fundamentais são *direito positivo*, direitos humanos são *direito natural*. Na discussão teórica, esta distinção desempenha um papel muito importante: os direitos humanos valem desde o ponto de vista temporal eternamente; desde o ponto de vista espacial, em todo o mundo; provêm da natureza ou da criação divina; são sagrados e invioláveis. Os direitos fundamentais, ao contrário, parecem ser menos importantes. São os direitos do homem garantidos pelas instituições jurídicas. Sua validade está temporal e espacialmente condicionada. Mas, em troca, são direitos objetivamente válidos. Também são direitos subjetivamente válidos: podem ser invocados perante os tribunais ... (Kriele, Martin, in *Introducción a la Teoría del Estado*, Ediciones Depalma, Buenos Aires, 1980, p. 207, grifado pelo autor)."

b) *direitos humanos e direitos subjetivos públicos*:
Se, nas tradições francesa e norte-americana, costuma-se utilizar genericamente as expressões *direitos humanos* ou *direitos do homem*, denotando sua origem jusracionalista, na experiência germânica, emprega-se de preferência a expressão *direitos subjetivos públicos*, revelando uma visão positivista e estatista, ambas as expressões não sendo propriamente idênticas.

c) *direitos individuais e direitos políticos*:
O Estado contemporâneo apresenta uma dupla separação: separação "interna", tanto no plano horizontal (Executivo, Legislativo e Judiciário), como no plano vertical (União Federal e Estados-Membros no Estado Federal, poder central e entes descentralizados no Estado Unitário), e separação "externa" (Estado e Sociedade Civil). À separação dita "externa" correspondeu, na teoria democrática clássica, um seccionamento do indivíduo: ele é por um lado homem, ator da sociedade civil, e por outro cidadão, protagonista da sociedade política (do Estado). Ao homem, cabem os direitos individuais; ao cidadão, os direitos políticos. Por isso mesmo, as declarações de direitos foram declarações de direitos do homem e do cidadão. Direitos individuais, relativos ao âmbito de autonomia própria a cada indivíduo, e direitos políticos, atinentes à sua participação no gover-

no, elegendo representantes ou mesmo sendo representante.

d) *direitos e garantias*:

"Rigorosamente, as clássicas garantias são também direitos, embora muitas vezes se salientasse nelas o *caráter instrumental* de proteção aos direitos. As garantias traduziam-se quer no direito dos cidadãos a exigir dos poderes públicos a proteção dos seus direitos, quer no reconhecimento de meios processuais adequados a esta finalidade ... (Canotilho, J. J. Gomes, *in Direito Constitucional*, Livraria Almedina, Coimbra, 1991, p. 532, grifado pelo autor)."

e) *liberdades públicas*:

Uma expressão análoga à de direitos fundamentais, isto é, os direitos humanos juridicamente reconhecidos, é a de *liberdades públicas*, abarcando tanto os clássicos direitos individuais e políticos, como os direitos econômicos e sociais e os novos direitos.

f) *cidadania*:

A expressão *cidadania* diz originariamente respeito aos direitos políticos, isto é, aos direitos cívicos. Neste sentido, cidadão seria sobretudo sinônimo de *eleitor*. Por isso mesmo, distinguia-se no passado entre cidadão passivo e cidadão ativo, só esse usufruindo do direito de voto. Hoje, é muitas vezes empregada num sentido mais genérico, envolvendo além dos direitos políticos, alguns outros direitos, como os direitos econômicos e sociais, na perspectiva de uma *cidadania ativa*, dando um sentido mais efetivo ao direito formal de voto.

5.5. Classificação

Com relação à classificação dos direitos fundamentais, isto é, os direitos humanos juridicamente reconhecidos, também não há uniformidade, tanto por parte dos autores, como nos textos legislativos. A título ilustrativo, lembramos a sistematização proposta por André Hauriou (Hauriou, André, *in Droit Constitutionnel et Institutions Politiques*, Éditions Montchrestien, Paris, 1972, pp. 173-182):

1. *liberdades da vida civil*
a) liberdades primeiras: liberdade física de ir e vir ou liberdade pessoal; segurança; liberdades da família; propriedade privada; liberdade dos contratos; liberdade de empresa, isto é, liberdade do comércio e da indústria.
b) liberdades segundas: liberdade de consciência e dos cultos; liberdade de ensino; liberdade de imprensa e de informação; liberdade de reunião; liberdade de associação e liberdade sindical.

2. *liberdades da vida política*
a) direitos cívicos: autorizam a participação na função pública, no sentido amplo, isto é, capacidade para os empregos públicos; direito de ser jurado; direito de ser testemunha; direito de ser soldado.
b) direitos políticos: permitem tomar parte na expressão da soberania popular, isto é, direito de voto; elegibilidade; direito de voto nos procedimentos de democracia direta (*referendum* ou plebiscito, iniciativa popular).

3. *direitos sociais*
Caberia ainda destacar que não podemos perceber os direitos individuais e os direitos políticos e mesmo os demais direitos como categorias independentes e autônomas. Há, ao contrário, uma indissociabilidade, uma estreita relação entre eles, seja do ponto de vista histórico, lógico ou político, reforçando aliás o sentido mais genérico da expressão *cidadania*, na perspectiva de uma *cidadania ativa* (ver supra).

José Afonso da Silva (Silva, José Afonso da, *in Curso de Direito Constitucional Positivo*, Malheiros Editores, São Paulo, 1993, p. 168), examinando os direitos fundamentais na Constituição brasileira de 1988, classifica-os em cinco grupos principais:

1. *direitos individuais* (art. 5º);
2. *direitos coletivos* (art. 5º);
3. *direitos sociais* (arts. 6º e 193 e ss.);
4. *direitos à nacionalidade* (art.12) e
5. *direitos políticos* (arts. 14 a 17).

6

Estado, Direito Constitucional, política e teoria geral do Estado

Texto publicado in *Direito em Debate*, Editora UNIJUÍ, Ijuí, a. 6, nº 8, julho a dezembro de 1966. Prova escrita realizada em 03/12/1986 para o concurso público de provas e títulos de Professor Titular de Direito Constitucional da Faculdade de Direito da UFRGS.

6.1. Introdução

Conta-se que Talleyrand, o hábil e inescrupuloso diplomata francês, teria certa vez respondido a Napoleão Bonaparte que "com as baionetas tudo se pode fazer, salvo sentar-se sobre elas". Com estas poucas palavras, resumiu ele uma das mais importantes lições da ciência política: a da precariedade de todo o poder político sustentado exclusivamente pelas armas e da correspondente necessidade de que venha a legitimar-se. Por isto mesmo, Ortega y Gasset acrescentaria à conhecida frase que "mandar não é ato de arrebatar o poder, mas tranqüilo exercício dele. Em outros termos, mandar é sentar-se". Como vemos, governar é antes uma questão de assento do que de punhos.

Esta observação inicial liga-se a uma reflexão sobre o Estado. Quando se pensa no Estado, vem à memória a imagem de Jano, o deus bifronte da mitologia romana.

Como ele, o Estado apresenta duas faces: a face de luta e a face de integração, a face de opressão e a face de criação da ordem. Um dos rostos voltado para a dominação, outro para a liberdade, um dos rostos voltado para o passado, outro para o futuro. Neste sentido, Maquiavel assinala que o Príncipe - e ao falar no Príncipe, ele refere-se ao Estado - deve combater tanto pelas leis, próprio da natureza humana, como pela força, próprio da natureza animal, uma desacompanhada da outra sendo origem de instabilidade. Se o Príncipe precisa, assim, saber empregar convenientemente o homem e o animal, deve ao mesmo tempo conseguir retirar da natureza animal as qualidades do leão e da raposa, pois os que se fizerem apenas leão (o despotismo) não terão êxito.

A análise liberal desenvolveu sobremaneira o estudo dessas duas facetas do poder político: o Estado como "monopólio da força física legítima", por um lado, e como consenso (o contrato social), por outro. Antonio Gramsci, o importante marxista italiano, ao examinar o Estado em termos de coerção e hegemonia, num certo sentido retoma, embora em outro referencial teórico, a análise liberal. A necessidade do exercício de ambas as funções por parte do Estado, nem que seja para originar e estimular uma "servidão voluntária", não passou despercebida dos principais homens políticos. Quando Victor Hugo exclamava que preferia a influência ao poder, revelava o desejo íntimo de todo o poder político: funcionar prioritariamente a hegemonia, a consenso, e não a coerção. Na realidade, a influência é a perfeição do poder.

Estado-força e Estado-consenso. Talvez a expressão mais antiga da doutrina do Estado-força encontremos no livro primeiro de *A República* de Platão, na voz de Trasímaco. Como sabemos, *A República* de Platão é uma reflexão sobre a justiça. Respondendo a Sócrates, Trasímaco afirma que "o justo não é outra coisa que aquilo que convém ao mais forte". No contraponto a esta opinião, a teoria do contrato social fundamentaria a origem da sociedade e do Estado num consenso inicial. O Estado percebido como obra humana, resultado de uma deliberação coletiva. Com isto, estava-se desferindo seguro golpe contra as concepções teocráticas da soberania. Embora a teoria do contrato social tenha padecido de interpretação autoritária em mãos de Hobbes, transformou-se, em sua versão democrática, na base filosófica da doutrina democrática clássica, em suas origens.

6.2. A pólis grega e o Estado moderno

Quando nos referimos ao Estado, muitas vezes temos presente nesta referência os delineamentos e características do Estado moderno, tipo específico de Estado. O Estado moderno representa, no plano histórico, o momento da *institucionalização do poder político*. Num certo sentido, o político destaca-se da sociedade, concentrando-se numa esfera independente da sociedade. Daí, a dicotomia clássica entre Estado e sociedade, interiorizada no indivíduo pela separação entre o homem e o cidadão. Supera-se, assim, a fragmentação do poder político existente durante a Idade Média, onde as relações políticas não estavam perfeitamente diferenciadas das relações pessoais, religiosas e outras. Finalmente, dessacraliza-se pouco a pouco o poder político.

Este Estado, como dissemos, é específico de uma época histórica, surgindo no século XVI, embora encontremos algumas de suas raízes em plena Idade Média.

Entretanto, sem infringir a boa teoria, poderíamos perfeitamente empregar a expressão Estado num sentido genérico, referindo-nos à realidade do poder político em outras épocas e sociedades.

A importância do Estado para a vida dos cidadãos, atingindo ou penetrando muitas vezes na própria esfera individual, foi devidamente salientada na prática e na teoria política grega.

Para Aristóteles, a *pólis* serve para tornar melhor a vida. No pensamento grego de maneira geral, a *pólis* é percebida como o âmbito de realização do ser humano. Esta importância da *pólis* na cultura grega está evidenciada numa célebre trialogia de Ésquilo, a da Casa de Atreu, escrita em 458 a.C. A interpretação que nos interessa tomamos de Toynbee, o historiador inglês[8].

Deus Apolo exige que Orestes vingue a morte do pai, Agamenon, assassinando a mãe, Clitemnestra, responsável, juntamente com Egisto, por aquela morte. Uma vez realizada a vingança, as Erínies, personificação mitológica de nossos sentimentos de culpa, perseguem impiedosamente Orestes. Atená, a deusa, consegue finalmente levar o caso a exame do tribunal popular ateniense, presidido por ela mesma. Os votos dividem-se meio a meio, Atená, como presidente do tribunal, decidindo-se pela absolvição de Orestes.

Como vemos, confrontam-se duas exigências familiares contraditórias: a vingança do assassinato do pai e o respeito à vida daquele ser, a mãe, que nos gerou. Em última análise, são impasses da sociedade tradicional de base familiar. Orestes é salvo por Atená, personificação da *pólis* ateniense.

A *pólis* como âmbito de salvação do ser humano. Alguns autores costumam chamar a atenção para o que caracterizariam como uma morte civil, a *pólis* absorvendo todas as dimensões do ser humano. Tais observações devem ser situadas no contexto da cultura da época, a *pólis* sendo ao mesmo tempo um Estado e uma religião para o homem grego. Cabe sobretudo destacar o alto

---

[8] Interpretação análoga encontra-se igualmente na obra clássica de Werner Jaeger *Paidéia. A Formação do Homem Grego* (nota de 1997).

valor ético atribuído à dimensão política neste contexto. Por isto mesmo, toda reflexão política na época está articulada com a preocupação com respeito ao melhor regime político, à melhor constituição, atendendo-se aos desígnios da natureza humana.

As bases da reflexão em torno do Estado estão em grande parte no mundo clássico. Entretanto, será apenas com o Estado moderno que dar-se-ão as condições sociais para uma reflexão não comprometida por pressupostos teológicos ou outros em torno do Estado. Na medida em que pela primeira vez o poder político institucionaliza-se numa esfera independente da sociedade, este poder político, o Estado num sentido mais específico, pode passar a ser objeto de uma investigação própria. Neste particular, Maquiavel é considerado como o fundador da ciência política. Nele, encontraríamos não só a identificação do objeto da disciplina: o poder político ou o Estado, como também do método dela: a *verità effetuale della cosa*, significando uma nítida ruptura com a reflexão política anterior. Montesquieu, mais adiante, procuraria perceber relações existentes entre os fatos sociais, causalidades, em suma.

A própria expressão *Estado*, na sua atual acepção, surge no século XVI. Maquiavel, aliás, será o primeiro a empregá-la. São conhecidas as palavras iniciais de *O Príncipe*: "Todos os Estados, os domínios todos que existiram ou existem sobre os homens foram ou são repúblicas ou principados."

Identificamos expressões assemelhadas em outras épocas, todas procurando referir-se à realidade do poder político que encontra seu acabamento no Estado moderno. Assim, a expressão *pólis* que, como vimos, era tanto um Estado como uma religião. Cícero empregará de preferência a expressão *res publica*. Na Idade Média, serão correntes palavras como *respublica*, especialmente em relação a *respublica christiana*; *civitas*, para designar de preferência as cidades independentes; *regnum*, em relação às monarquias territoriais em formação. Talvez a expressão que mais se aproximará da noção moderna de Estado seja a de *communitas perfecta et sibi sufficiens* que já anuncia a idéia de soberania, própria do Estado moderno.

O Estado moderno é um Estado soberano. A soberania do Estado moderno expressa, entre outras coisas, sua supremacia material em relação a outras esferas sociais.

Durante a Idade Média, os legistas do rei procurarão contribuir para dar embasamento teórico a esta supremacia dos Estados em formação, em confronto com o Império, por um lado, e com a Igreja, por outro.

Jean Bodin será o primeiro, entretanto, a explicitamente caracterizar o Estado como soberano, embora Marsílio de Pádua, em 1324, em seu *O Defensor da Paz*, anteveja a realidade do Estado soberano. Para Bodin, a "república é um governo de diversos súditos e do que lhes é comum com poderio soberano".

A soberania do Estado moderno é ao mesmo tempo um poder originário e um poder supremo (a competência da sua competência dos juristas), expressando-se tanto no plano interno, como no plano internacional. A este propósito, a contribuição da Ciência Política e das Relações Internacionais seria imprescindível para relativizar a noção de soberania, criada pelos juristas. Sobretudo em relação aos países do denominado Terceiro Mundo, sob domínio dos grandes centros internacionais de decisão.

6.3. Os elementos constitutivos do Estado

Costuma-se caracterizar como elementos constitutivos ou, de forma equivalente no nosso entender, elementos essenciais do Estado, a população, o território e o governo.

Estes elementos são muitas vezes considerados invariantes no tempo e no espaço, como se fossem elementos do Estado num sentido genérico, e não apenas próprios do Estado moderno.

Pior quando se pretende, a partir dos denominados elementos constitutivos do Estado, construir uma teoria do Estado.

Quando se fala em governo, em comando superior ou supremo como um dos elementos constitutivos do Estado, na realidade está-se referindo a uma das características principais do Estado moderno: a autonomização da esfera política em relação à sociedade. Da mesma forma, o território, delimitado por fronteiras rígidas, é uma característica do Estado moderno. O Estado moderno, assim como é um Estado soberano, é igualmente um *Estado territorial*. Na Idade Média, por exemplo, as relações políticas não têm base territorial, mas prioritariamente pessoal. A delimitação de um território significará uma profunda transformação histórica no que se refere ao exercício do poder. O território delimitado por fronteiras rígidas será o âmbito de atuação da soberania do Estado. Em outros termos, o perímetro em que o Estado pode assegurar e garantir a prevalência de sua ordem jurídica. Inclusive, com a força militar. Por isto mesmo, as três milhas marítimas, como limite externo do mar territorial, correspondiam ao alcance, na época de sua fixação, das armas de fogo postadas em terra firme.

A idéia de nação será fundamental para a fixação do princípio das nacionalidades e do direito à autodeterminação dos povos. Entretanto, a nação é também uma criação do mundo moderno. O comércio precisava romper com as barreiras medievais, com a superposição de competências múltiplas que atravancavam seu fluxo normal. Consolida-se um mercado nacional para as forças econômicas emergentes. Neste sentido, a nação poderia ser considerada uma figura idealizada do mercado econômico.

Nosso objetivo foi o de, ao invés de repetir alguns lugares-comuns, salientar as vinculações dos denominados elementos constitutivos do Estado com a própria emergência do Estado moderno. Com isto, não pretendemos de forma alguma ter examinados todos os ângulos da questão que mereceriam novos desdobramentos.

Para nuançar a afirmação anterior, lembraríamos que a unificação nacional resultou de inúmeros fatores. Desde a influência do direito romano imperial, até as circunstâncias geográficas (caráter insular da Inglaterra, por exemplo), passando por aspectos militares (aperfeiçoamento da arte da guerra e formação de um exército profissional), além dos econômicos já referidos.

6.4. Direito Constitucional, política e teoria geral do Estado

Alguns tratadistas tendem a colocar no mesmo plano o Direito Constitucional, a Ciência Política e a Teoria Geral do Estado. Independentemente dos equívocos desta posição, ela aponta as relações íntimas existentes entre estas três disciplinas.

O Direito Constitucional é uma disciplina jurídica, no campo do Direito Público, aliás, a principal disciplina no campo do Direito Público. Sua preocupação é, em primeiro lugar, normativa, embora sua matéria seja prioritariamente política. André Hauriou caracteriza o Direito Constitucional pelo "enquadramento jurídico dos fenômenos políticos". Esta definição sugere algumas observações. Os fenômenos políticos ou, numa enunciação talvez mais apropriada, a "organização dos poderes públicos" são o objeto do Direito Constitucional, mas desde que enquadrados juridicamente. Isso remete a uma limitação do Direito Constitucional: a primazia da abordagem jurídica permite muitas vezes camuflar os aspectos inconvenientes do poder. Sobretudo tratando-se das denominadas Constituições-programas, por Maurice Duverger, isto é, aquelas Constituições que procuram dar aparência democrática a regimes de natureza distinta. Constituições de nula ou baixa eficácia social ou efetividade em relação a capítulos fundamentais da ordem constitucional, como o que diz respeito às liberdades públicas.

O Direito Constitucional, como propunha Mirkine-Guetzévich, deve ser uma técnica da liberdade. Aliás, esta é a inspiração histórica das Constituições clássicas, inspiração essa tão bem configurada no artigo 16 da Declaração dos Direitos do Homem e do Cidadão de 1789.

O estudo das instituições políticas não se limita ao Direito Constitucional. Elas são objeto também da Ciência Política. Aqui, porém, não ocorre preocupação normativa, embora o aspecto normativo do fenômeno político interesse igualmente à Ciência Política.

Sustentam muitos que a Teoria Geral do Estado não passa de uma Ciência Política. A Teoria Geral do Estado teria igualmente por objeto o estudo dos fenômenos políticos, prioritariamente o Estado. Mas, surgida nos cursos jurídicos, teria priorizado a abordagem jurídica. A Ciência Política corresponderia à plena independência - independência em relação à abordagem jurídica - dos estudos relacionados com os fenômenos políticos.

Entretanto, as coisas não parecem ser tão simples assim. Os estudos de Ciência Política têm-se destacado por seu caráter excessivamente pragmático, descurando os aspectos filosóficos, históricos e outros dos problemas que lhe são apresentados. Além disso, abordam o poder político de forma geral. Ao contrário, a Teoria Geral do Estado teria como objeto prioritário o Estado em seus aspectos jurídicos, também, filosóficos, sociológicos, históricos. Neste sentido, seria propedêutica ao Direito Constitucional, em particular o Direito Constitucional Geral.

Para corresponder aos seus objetivos, a Teoria Geral do Estado necessita lançar mão de um método multidisciplinar, socorrer-se de um método complexo. As dificuldades de delimitação dos campos respectivos das três disciplinas indicadas, as próprias dificuldades de denominação apontam, como se disse logo acima, para as relações mútuas existentes entre elas.

Nesta direção, convém lançar mão de um conceito que no Brasil tem sido examinado e sistematizado principalmente pelo Professor Paulo Bonavides. O conceito de *sistema constitucional*, incorporando inclusive a moderna análise de sistemas, de tanto sucesso na Ciência Política, desde o trabalho de David Easton, no campo do Direito Constitucional. Com isto, dar-se-ia uma amplitude maior à disciplina, articulando a abordagem normativa, prioritária, com a abordagem política, social, econômica mesmo. Desvendando, em última análise, toda a realidade complexa da norma constitucional.

6.5. Conclusão

Ao finalizar a prova escrita para o concurso de Professor Titular de Direito Constitucional, em que procuramos abordar os diversos tópicos previstos no ponto sorteado, gostaríamos de relembrar as significativas palavras de Francisco Brochado da Rocha em aula solene nesta mesma Faculdade:

> "Por fim, cumpre advertir, o Direito Constitucional só terá expressão como fator de equilíbrio humano e elemento de controle da sociedade enquanto corresponder aos ideais de justiça e do bem comum. Sempre que as instituições jurídicas exaurirem seu conteúdo ético e se transformarem em instrumento

de predomínio do utilitarismo egoísta de uma elite dirigente, terão comprometido a respectiva eficácia na proporção em que se evidenciar sua ilegitimidade."

Neste momento histórico ímpar, de reconstrução democrática, devemos estar atentos à advertência do mestre.

7

Sistemas de governo e controle do poder

Texto publicado *in Revista de Informação Legislativa*,
Senado Federal, Brasília, a. 29, nº 113, janeiro a março de 1992.

O regime parlamentarista do governo traduziu historicamente a supremacia do Parlamento, instrumento para a conquista do poder político por parte da burguesia emergente em sua luta contra a aristocracia, por um lado, e o Monarca, por outro. Nem sempre, porém, as assembléias representativas encarnaram a suprema autoridade no Estado. Isto seria obra de um longo processo, cujas origens remontam à Idade Média. Inicialmente, aquelas assembléias contentavam-se em apenas consentir novos subsídios e apresentar queixas ou petições ao poder real. Com o tempo, são associadas ao exercício da função legislativa, consumando-se o processo quando do deslocamento do exercício da função executiva do Monarca para um Gabinete politicamente responsável perante o Parlamento. A Coroa torna-se assim cada vez mais dependente do Parlamento. Logicamente, esta evolução variaria consideravelmente conforme os países e segundo as alianças políticas estabelecidas pelos principais protagonistas da cena política.

A *responsabilidade política* do Executivo perante o Legislativo constitui o elemento essencial do parlamentarismo. Como se sabe, o Executivo, num regime parlamentarista, é dualista: o Chefe de Estado - Monarca, numa Monarquia, e Presidente, numa República - e o Chefe do Governo ou Primeiro-Ministro, verdadeiro centro político do Executivo num parlamentarismo clássico. Nesta forma de governo, o Primeiro-Ministro é indicado pelo Chefe de Estado dentro da maioria parlamentar, devendo submeter seu programa de governo ao Legislativo. Este pode, a qualquer tempo, destituí-lo, através da aprovação de uma moção de desconfiança. Convém relembrar que este jogo da responsabilidade política é exercido pelos representantes diretos da nação. Neste sentido, o parlamentarismo caracteriza-se como um sistema de governo de preponderância do Legislativo. Mesmo na eventualidade da dissolução do Legislativo pelo Executivo, segundo mecanismo de controle de um poder sobre o outro no parlamentarismo, a solução final do conflito entre os dois poderes é democraticamente remetida ao eleitorado, através de novas eleições legislativas.

No presidencialismo, inexiste instrumento análogo. O *impeachment* configura-se como um mecanismo de julgamento por crime de responsabilidade cometido por determinadas autoridades, em função mesmo da natureza do cargo exercido, não guardando proporção com a responsabilidade política do Executivo perante o Legislativo, existente no regime parlamentarista. Nada mais lógico, portanto, que, no presidencialismo, a responsabilidade política do Executivo dê-se diretamente perante o eleitorado, através de eleições diretas para a Presidência. Transformou-se na forma consagrada para manter o controle e a representatividade do Executivo num regime presidencial caracterizado como de separação rígida entre os poderes. Mesmo nos Estados Unidos da América do Norte, trata-se efetivamente de eleições diretas para a Presidência. A intenção dos constituintes norte-americanos foi, é verdade, a de instituir um sistema de sufrágio indireto para a indicação do Presidente. Entretanto, estabeleceu-se progressivamente, com a democratização do regime político, um sistema de eleição popular do detentor do Executivo.

Na análise da questão, não podemos esquecer que alguns parlamentarismos passaram a adotar a indicação direta do detentor do Poder Executivo. Na França, na Áustria, em Portugal, na Finlândia, na Irlanda e na Islândia, o Presidente é eleito pelo sufrágio universal direto. Esta modalidade de indicação do Presidente representa uma infração à lógica do sistema parlamentarista, levando muitas vezes ao fortalecimento do Executivo, agora também representante da soberania popular, em detrimento do Legislativo, e, dentro do Executivo, ao fortalecimento do Chefe de Estado em detrimento do Chefe do Governo. Os poderes formais do Presidente tendem, assim, a ser, com o voto popular, poderes reais, inclusive a prerrogativa de dissolução do Parlamento. Aliás, estes parlamentaristas podem facilmente evoluir no sentido da hipertrofia do Executivo. Mesmo na Inglaterra, ocorre efetivamente a indicação direta do detentor do Executivo, neste caso o Primeiro-Ministro. Como se trata de um sistema bipartidário de fato, onde dois grandes partidos monopolizam o eleitorado ou a representação parlamentar, conseqüência, entre outras coisas, da adoção do escrutínio majoritário, o chamado "voto distrital" entre nós, as eleições legislativas têm como resultado a indicação efetiva do Primeiro-Ministro. Mais ainda: na Inglaterra, ocorre mesmo uma verdadeira confusão dos poderes, o Legislativo passando a ser, em função da existência de uma maioria parlamentar estável durante toda a legislatura, uma simples caixa de ressonância das decisões do Executivo, personalizado pelo Gabinete (a denominada "ditadura do Gabinete"). Aliás, poder-se-ia afirmar que o Primeiro-Ministro inglês, detentor do Executivo num regime parlamentarista, possui paradoxalmente maiores prerrogativas e competências do que o Presidente norte-americano, detentor do Executivo num regime presidencial. De qualquer forma, a indicação direta do detentor do Executivo, além de representar inegavelmente um mecanismo democrático, possibilita quase sempre uma escolha também direta por parte do eleitorado do programa de governo de sua preferência, talvez uma das principais virtudes do sistema presidencial.

Se o regime parlamentarista do governo traduziu historicamente a supremacia do Parlamento, instrumento para a conquista do poder político por parte da burguesia emergente, como se disse acima, observamos, desde o início deste século, nas democracias liberais, o gradativo fortalecimento do Executivo e correspondente enfraquecimento do Legislativo. Resultado em grande parte da própria ampliação das funções do Estado contemporâneo, intervencionista nos planos econômico, social e mesmo cultural. Em outros termos, o atual Executivo não se contenta mais em apenas executar ou administrar, agregando-se à tradicional função executiva a denominada função governamental, inclusive o poder regulamentar, ou seja, a prerrogativa de elaborar legislação. Mas há igualmente motivos políticos, e não apenas "técnicos" para esta evolução. A partir do final do século passado e início deste, as classes trabalhadoras, com a conquista do sufrágio universal e organizadas em seus sindicatos e partidos políticos, tiveram finalmente acesso ao Parlamento, parecendo poder ameaçar o poder burguês ou, pelo menos, desestabilizá-lo, sobretudo no contexto de um regime parlamentarista. Esta situação levou também a uma transferência do eixo político do Estado do Legislativo, representação mais autêntica da Sociedade Civil, para o Executivo, representante mais fiel dos interesses dominantes.

Para Maurice Duverger (Duverger, Maurice, in JANUS - Les deux faces de l'Occident, Fayard, Paris, 1972, pp. 196-208), a distinção clássica entre parlamentarismo e presidencialismo jamais teve a importância que lhe foi atribuída. A verdadeira distinção, segundo o autor, residiria naquela existente entre *regimes a governo de legislatura*, elevados ao poder pelos eleitores, e *regimes onde os governos resultam de combinações elaboradas pelos estados-maiores partidários e são eventualmente destituídos por combinações análogas*. Os regimes a governo de legislatura, caracterizados pelo reforço do Executivo, enquadrar-se-iam em três modalidades básicas: *parlamentarismo majoritário* (nas hipóteses tanto de bipolarização como de bipartidarismo ou de existência de "partido dominante"), caso da Inglaterra, República Federal da Alemanha e Índia, entre outros; *regime semipresidencial*, caso da França, por exemplo; e *regime presidencial*, caso dos Estados Unidos da América do Norte. Quanto ao outro tipo de regime, o parlamentarismo clássico, caracterizado pela supremacia do Parlamento, ainda encontraríamos na Itália e em alguns outros poucos países. No parlamentarismo majoritário e no regime semipresidencial, que derivam do parlamentarismo clássico, o voto de censura teria mesmo caído em desuso. Num certo sentido, a independência do Legislativo seria melhor assegurada no regime presidencial.

Ao tratar-se dos sistemas de governo com relação à experiência nacional, caberia relembrar a lição de José Honório Rodrigues para quem as falhas não estão na forma de governo, mas no dissídio entre Poder e Sociedade. Na realidade, se um determinado sistema de governo puder eventualmente apresentar-se como mais eficiente para os objetivos democráticos, principalmente pelo asseguramento das prerrogativas tradicionais do Parlamento, virtual ou pretenso representante da soberania popular, mais importante e decisivo neste sentido serão a existência e a consolidação de mecanismos de efetivo controle e de real participação populares, de maneira a permitir que os próprios poderes sejam uma expressão mais autêntica da sociedade.

Nossa tradição de um Executivo forte e de um Legislativo fraco resulta diretamente daquele dissídio que se enraíza em última análise nas características de nosso Estado desde o Brasil Colônia. Assim, o presidencialismo adotado quando da República é antes um prolongamento do que uma ruptura com o parlamentarismo imperial, constituído pelo denominado "poder pessoal" do Monarca. Justifica-se, assim, plenamente a expressão *Sua Majestade o Presidente do Brasil*, empregada por Ernest Hambloch. Em outros termos, deveríamos falar, no nosso caso, em *presidencialismo*, que, segundo Maurice Duverger, "constitui uma aplicação deformada do regime presidencial clássico, pelo enfraquecimento dos poderes do Parlamento e a hipertrofia dos poderes do Presidente: daí seu nome (Duverger, Maurice, *in Institutions Politiques et Droit Constitutionnel, 1 - Les grands systèmes politiques*, PUF, Paris, 1988, p. 187)", e não propriamente em regime presidencial.

Durante a experiência populista, o Legislativo tendeu a caracterizar-se como um reduto mais conservador diante de um Executivo de base mais popular. Conservadorismo este do Legislativo não só em função do bicameralismo que, no nosso caso, implica a existência de uma Câmara Alta, o Senado Federal, de recrutamento mais conservador do que a Câmara dos Deputados, e, ao contrário do caso alemão, com amplas prerrogativas legislativas, mas também da modalidade brasileira de representação proporcional nas eleições para a Câmara dos Deputados. Nesta, os Estados mais populosos e, geralmente, mais urbanizados e industrializados, os Estados mais politizados em suma, são invariavelmente sub-representados, enquanto os Estados rurais e atrasados são sempre sobre-representados. Somente por ocasião das eleições para a Presidência da República, o voto de todos os cidadãos passa a possuir o mesmo peso e valor, evitando as desigualdades de representação entre os Estados. Foram eleitos, assim, candidatos de forte teor urbano e apelo popular. Isto sem considerar o predomínio na época do eleitorado rural e o controle do voto rural pelas oligarquias agrárias através do fenômeno do "coronelismo". Entende-se, então, porque a adoção do parlamentarismo, transferindo o centro político do Executivo para um Primeiro-Ministro responsável politicamente face ao Legislativo, configurasse-se como um expediente conservador para resolver a crise política provocada pela renúncia do Presidente da República em 1961.

As considerações acima levam-nos a ser pelo menos prudentes, tratando-se de parlamentarismo. A opção por este sistema de governo pode ter a conotação de enfatizar o papel e de reforçar as prerrogativas do Parlamento, virtual ou pretenso representante da soberania popular, como se salientou, face a uma tradição de hipertrofia do Executivo. Entretanto, após uma experiência secular, o parlamentarismo sofreu alterações e modificações que, em alguns casos, descaracterizaram o modelo original de um Parlamento soberano e proeminente e de um Executivo subordinado àquele. A defesa do papel e das prerrogativas do Parlamento dependerá então não só da forma de governo adotada, como também do regime eleitoral empregado e do sistema partidário existente, entre outras coisas. Um parlamentarismo com eleições diretas para a Presidência ou com voto distrital poderá ter os efeitos inversos aos declarados ou almejados, aproximando-o da prática presidencialista criticada e condenada. Além disto, um parlamentarismo bicameralista pode reeditar o parlamentarismo conservador de outrora, salvo se reduzidas as atribuições do Senado Federal a matéria exclusivamente federal e se excluída sua participação do jogo da responsabilidade política do Executivo perante o Legislativo. Da mesma forma, a manter-se a atual modalidade de representação proporcional, sem aperfeiçoá-la no sentido de uma representação estadual na Câmara dos Deputados efetivamente proporcional ao número de habitantes ou ao número de eleitores dos Estados-Membros da Federação. Demais, dependendo ainda do tipo de parlamentarismo, a Presidência da República, a Chefia de Estado, pode transformar-se num Poder Moderador, aparentemente representação de um Estado pretensamente neutro, distinto do Governo, mas na realidade órgão de tutela, substituindo-se à soberania popular e eventualmente monopolizando atribuições nas áreas de política externa, defesa nacional e liberdades públicas. Com a agravante de a Chefia de Estado ser, num regime parlamentarista, irresponsável politicamente, tanto face ao Parlamento como face ao eleitorado. Seria ainda de se perguntar se, numa sociedade com profundos e graves problemas sociais como a nossa, só um Executivo presidencial, com a indispensável legitimidade assegurada por eleições diretas, hipótese do presidencialismo, não poderia eficazmente implementar as alterações estruturais que se fazem urgentes e necessárias.

Parece haver unanimidade com relação à necessidade de superarmos nosso presidencialismo tal como vem sendo praticado. As alternativas são diversas, desde a experiência de um autêntico regime presidencial até a adoção de um parlamentarismo clássico. Antes de tudo, cabe reformar o Legislativo e limitar o Executivo. Caso mantido o bicameralismo, em conseqüência inclusive da retomada do federalismo, o Senado Federal, representação dos Estados, hoje com maiores competências constitucionais do que a própria Câmara dos Deputados, representação popular, deve ter reduzidas suas atribuições às matérias que digam fundamentalmente respeito à Federação, sob pena de transformar-se numa Câmara de veto às iniciativas inovadoras da Câmara dos Deputados. Esta, por sua vez, deve ter revista sua atual composição de forma a estabelecer-se uma exata proporcionalidade na representação dos Estados. As funções de legislação do Congresso Nacional devem ser recuperadas, suas funções de fiscalização do Executivo, ampliadas. Em conseqüência, o Executivo deve ter reduzidas suas funções de legislação. Além disto, devem-se criar, paralelamente aos mecanismos de fiscalização do Executivo por parte do Legislativo, efetivos instrumentos de controle social da administração pública.

Com isto, voltamos à preocupação primeira. O parlamentarismo, como a língua de Esopo, pode ser tanto a melhor como a pior das coisas. As falhas não se encontram no sistema de governo, mas principalmente no dissídio entre Poder e Sociedade. Se o parlamentarismo pode eventualmente representar o melhor instrumento para a preservação da proeminência e da soberania do Parlamento, somente a efetiva democratização do Estado permitirá que as instituições políticas adotadas, seja sob a forma parlamentarista, seja sob a forma presidencialista, estejam efetivamente sob controle da sociedade.

7.1. Fortalecimento do legislativo e fiscalização do executivo

Parece haver uma consciência generalizada da necessidade de fortalecimento do Legislativo, como condição para um aprofundamento da experiência democrática. Independentemente do sistema de governo adotado (presidencialismo mitigado, parlamentarismo puro, sistema híbrido), impõe-se a superação de nossa nefasta tradição de um Executivo hipertrofiado e de um Legislativo emasculado que, até agora, tem favorecido o autoritarismo e a irresponsabilidade governamentais.

Nas modernas democracias, três têm sido as funções precípuas do Legislativo: *elaboração da legislação*, tanto de ordem constitucional (emendas à Constituição), como de natureza infraconstitucional (leis ordinárias); *debate político* e *controle do governo*.

A tendência crescente desde o início deste século à ampliação da esfera de atuação legislativa do Executivo, em consonância aliás com a mudança de natureza do Estado contemporâneo, intervencionista nos planos econômico, social e mesmo cultural, tem relativizado cada vez mais o papel do Legislativo no que se refere à elaboração da legislação. Esta ampliação reflete-se tanto na existência de atos normativos primários diretamente elaborados pelo Executivo (decretos-leis, medidas provisórias, leis delegadas, regulamentos autônomos etc.), como também em sua participação no processo de elaboração da lei ordinária (iniciativa e veto ou solicitação de uma segunda deliberação, principalmente). Assim, a quase totalidade das leis ordinárias aprovadas tem geralmente sua origem no Executivo. Saliente-se, porém, que o Legislativo mantém a decisão política final em matéria de lei ordinária (discussão, votação e, eventualmente, derrubada do veto). Para fazer face a este quadro de degenerescência da atividade legislativa do Legislativo, cabe reduzir - mesmo reconhecendo a necessidade, para além dos simples regulamentos de execução, subordinados à lei ordinária, de uma capacidade normativa de conjuntura, sobretudo de âmbito econômico - a esfera de atuação legislativa do Executivo. Além de melhor aparelhar tecnicamente o Legislativo para responder com eficácia a suas funções de elaboração da legislação.

O debate político tem-se caracterizado, desde as origens dos atuais Parlamentos, como uma de suas principais funções. Aliás, nos regimes autoritários, limita-se a ser, e mesmo assim quando possível, quase que sua única e exclusiva função. Neste particular, cabe igualmente fortalecer o Legislativo, alçando-o efetivamente a órgão de mediação entre a Sociedade Civil e o Estado.

Talvez seja no campo do controle do governo onde encontraremos as maiores possibilidades de aperfeiçoamento e inovação da atividade parlamentar. A começar pela participação na própria composição do Executivo, já assegurada em grande parte, através do mecanismo de formação e da dissolução dos Gabinetes, nos sistemas parlamentaristas de governo. Mas, mesmo num regime presidencial de governo, a indicação dos titulares de determinados cargos de importância estratégica no Executivo poderia perfeitamente depender da referenda do Legislativo, como ocorre tradicionalmente nos Estados Unidos da América do Norte e foi ampliada, entre nós, pela Constituição de 1988. Igualmente importante, revela-se o aprimoramento do controle legislativo com relação ao orçamento governamental, através da aprovação da lei orçamentária anual. Inclusive, o fortalecimento dos parlamentos esteve historicamente ligado a este controle, maior na Inglaterra, menor na França. Por outro lado, a atividade e as competências das comissões parlamentares, permanentes ou temporárias, devem ser alargadas; a prática das "interpelações" e da convocação de ministros e outras autoridades ao plenário do Legislativo ou de suas comissões, consolidada para que melhor se exerça o controle legislativo da atividade governamental. Há ainda um domínio onde muito resta fazer: o da *co-administração* ou da *co-responsabilidade*, associando mesmo o Legislativo na atividade governamental. Esta co-administração ou esta co-responsabilidade costuma existir no âmbito da política externa, podendo ser estendida a outras áreas, como a do planejamento econômico, de relevância para a vida social.

    O fortalecimento do Legislativo em suas funções deve ser acompanhado por uma maior representatividade na sua composição e no seu recrutamento como também por uma substancial alteração no estilo de política parlamentar. A superação do estilo arcaico de fazer política, caracterizado pelo clientelismo, pelo prebendalismo e pelo personalismo, torna-se condição necessária para que finalmente o Legislativo assuma a contento seu papel de mediação política já referido. Para tanto, faz-se também indispensável a modernização dos partidos.

7.2. Controle social da administração pública

A democracia não se identifica unicamente com um sistema de valores, mas se traduz igualmente em mecanismos e instituições. Quais mecanismos e instituições asseguram finalmente a legitimidade democrática do poder? Não somente quanto à sua origem, mas também quanto ao seu exercício, já que a democracia é não apenas uma forma de chegar ao poder, mas ainda uma forma de exercê-lo. A este propósito, ela caracteriza-se como permanente processo de reafirmação e redefinição de velhos e tradicionais mecanismos e instituições, por um lado, e de incorporação de novos e modernos mecanismos e instituições, por outro.

A prática democrática deve ser visualizada no contexto das particularidades do Estado contemporâneo. O Estado contemporâneo apresenta uma dupla separação: separação "interna", tanto no plano horizontal (Executivo, Legislativo e Judiciário), como no plano vertical (União Federal e Estados-Membros no Estado Federal, Poder central e entes descentralizados no Estado Unitário), e separação "externa" (Estado e Sociedade Civil). A esta realidade correspondem as diversas técnicas de controle e de participação no poder de forma a conformar um regime político democrático. Neste quadro, situa-se toda discussão em torno dos sistemas de governo (presidencialismo, parlamentarismo e regime de assembléia), das formas de Estado (Estado Federal e Estado Unitário), das liberdades públicas, dos sistemas eleitorais, dos sistemas partidários, do controle da constitucionalidade das leis etc.

Os velhos e tradicionais mecanismos e instituições têm-se revelado muitas vezes insuficientes, embora necessários, para garantir a existência de um regime político efetivamente democrático. Novos e modernos instrumentos de controle e de participação no poder devem ser assim permanentemente incorporados na prática democrática, em correspondência com a própria modernização e maior complexidade das sociedades atuais. Neste particular, os mecanismos de controle social da administração pública assumem papel relevante, sobretudo sabendo-se que o Estado contemporâneo caracteriza-se como um Estado intervencionista. O planejamento econômico, para destacar apenas um dos aspectos, talvez o mais importante, do intervencionismo estatal, repercute inevitavelmente sobre os destinos da coletividade. Daí, a demanda de que as decisões neste âmbito não se limitem exclusivamente ao núcleo tecnoburocrático, mas resultem também de uma ampla consulta à sociedade.

Alguns mecanismos de controle da administração pública são clássicos e bastante conhecidos. Assim, o sistema eleitoral, o sistema partidário, os instrumentos da democracia direta (*referendum*, iniciativa popular, veto popular, *recall*, entre outros), a fiscalização do Executivo pelo Legislativo e pelo Judiciário, a descentralização e a delegação administrativas quando propiciando uma maior participação. Outros são mais recentes e menos divulgados, como o Conselho Econômico e Social e suas diferentes modalidades, o *ombudsman*, as "audiências públicas" (as *public hearings* do direito inglês e norte-americano ou as *enquêtes publiques* do direito francês), as comissões de usuários dos serviços públicos.

Quando se fala em controle social da administração pública, procura-se sugerir a idéia de um controle ao mesmo tempo político e social, a exemplo dos últimos referidos. Não apenas um controle de legalidade, mas principalmente um controle de mérito, de eficácia, de conveniência e de oportunidade do ato administrativo. Isto torna-se particularmente relevante com relação à fiscalização financeira e orçamentária. Além disto, um controle social, exercido pela Sociedade Civil através de suas entidades e associações.

Exatamente em função da qualidade social deste controle, procuram alguns caracterizá-lo como "neocorporativista", isto é, como correspondendo a um corporativismo liberal. Entretanto, ao contrário do corporativismo, seja ela liberal ou autoritário, trata-se de mecanismos criados em complemento, e não em substituição às instituições representativas tradicionais. Incorporando, assim, na dinâmica política, a realidade da Sociedade Civil organizada em suas entidades e associações e dando ao mesmo tempo à prática democrática uma dimensão mais real e efetiva. Esta constatação leva-nos a uma segunda observação: o reflexo corporativo, este sim, dos partidos face a uma experiência desta natureza. A reação à quebra do monopólio da mediação política por parte dos partidos representada pela maioridade da Sociedade Civil. Contrariando uma impressão superficial do senso comum político, os partidos só têm a ganhar com esta nova experiência, tornando-os mais representativos e fortalecendo seu papel de formuladores de uma política global para a sociedade.

Algumas modalidades de controle social da administração pública já são observadas em nossa vida política, inclusive no plano constitucional. Constituem, porém, experiências ainda fragmentárias e atomizadas e em grande parte conjunturais, sem um caráter mais sistemático e institucional, sujeitas facilmente à cooptação por parte do Estado e, conseqüentemente, à frustração de seus objetivos principais. Caberia assim dar maior organicidade a elas.

8

Conselhos sociais

Texto inédito, 1993.

Constatados os limites, no contexto de uma sociedade complexa como a contemporânea, dos procedimentos da democracia meramente representativa - alguns referem-se mesmo a uma crise de representação das democracias -, novos mecanismos e organismos de forma a assegurar uma melhor mediação entre o Estado e a Sociedade Civil e na perspectiva de uma democracia participativa têm sido propostos. Entre eles, os denominados *conselhos sociais* ou ainda *conselhos populares* ou mais precisamente *conselhos com participação da comunidade*, as *autoridades administrativas independentes* da linguagem jurídica, categoria nova em que pese referir-se muitas vezes a experiências mais antigas, cujo objetivo seria o de procurar favorecer um maior controle social da administração pública.

São geralmente instituídos em áreas sensíveis da atividade social, das liberdades públicas e dos direitos sociais à política de desenvolvimento, com o intuito de evitar a tutela direta ou demasiada do poder público. Limite à ação dos governantes, através de uma maior participação social, ensejam tanto a superação da oposição público x privado, como a despartidarização relativa das funções estatais. Abrandam assim o monolitismo tradicional da administração pública no sentido de um modelo pluralista ou policêntrico de Estado em contraponto ao modelo unitário anterior. Organismos estes que se diferenciam dos simples conselhos consultivos, possuindo um verdadeiro poder de decisão. Trata-se de um efetivo *direito de participação de certas entidades na definição de políticas públicas*. Direito este que radica nas idéias de democratização do Estado e de aprofundamento da democracia participativa. Através desse direito de participação, ele mesmo direito fundamental, asseguram-se melhor os direitos fundamentais constitucionalmente prescritos. Como assinala com precisão Canotilho, sem o direito de participação de certas entidades na definição de políticas públicas "os cidadãos permanecem afastados das organizações e dos processos de decisão, dos quais depende afinal a realização dos seus direitos. ... Quer dizer: certos direitos adquiriam maior consistência se os próprios cidadãos participassem nas estruturas de decisão." (Canotiilho J. J. Gomes, in *Direito Constitucional*, Livraria Almedina, Coimbra, 1991, 5ªedição, p. 558). Diz respeito à dimensão processual participativa (aquilo que Häberle, citado por Canotilho, designou como *status activus processualis*) dos direitos fundamentais, dimensão esta profundamente renovadora das concepções dos direitos fundamentais.

Convém salientar que a legitimidade participativa é reconhecida apenas às entidades. Por isso mesmo, distingue-se essa hipótese de outras em que a legitimidade participativa é atribuída não mais às entidades, mas aos cidadãos diretamente.

No elenco dos direitos fundamentais consagrados na Constituição: direitos individuais, direitos coletivos, direitos sociais, direitos à nacionalidade, direitos políticos, este direito de participação de certas entidades na definição de políticas públicas inclui-se na categoria dos direitos coletivos.

No plano da Constituição Federal, podemos encontrar algumas hipóteses: assim, os artigos 10 (interesses profissionais ou previdenciários dos trabalhadores); 29, inciso XII (cooperação das associações representativas no planejamento municipal); 194, parágrafo único, inciso VII (seguridade social); 198, inciso III (sistema único de saúde); 205 e 206, inciso VI (educação); e 224 (Conselho de Comunicação Social).

Da mesma forma, no que se refere à Constituição do Estado do Rio Grande do Sul: artigos 19, § 2º (referência genérica aos Conselhos Populares, considerados mecanismos estáveis); 167, *caput* (diretrizes globais, regionais e setoriais da política de desenvolvimento); 172, *caput* (setor pesqueiro); 197, inciso VII (educação); 207 (Conselhos Estadual e Municipais de Educação); 213, *caput* (conselhos escolares); 225 (Conselho Estadual de Cultura); 235, *caput* (política de ciência e tecnologia); 238, parágrafo único (Conselho de Comunicação Social); 242, inciso IV (Conselhos Estadual e Municipais de Saúde); 260, §§ 1º e 2º (Conselho Estadual do Idoso e Conselho Estadual de Criança e do Adolescente). A legislação ordinária poderá sempre ampliar o elenco destas instituições.

Apesar da novidade que possam representar, os conselhos não alteram necessariamente as bases da organização estatal. Sua autonomia será geralmente relativa e contestada, pela eventual ameaça de constituírem-se em contrapoder. Além de em grande parte marginais e circunscritos a áreas delimitadas, sofrem de qualquer forma a ingerência dos interesses partidários, inclusive por sua ligação estreita com a administração central. Num certo sentido, a política, ou melhor, a grande política não se esgota nesta última, atingindo também aqueles aparatos periféricos. Por isso mesmo, propõe-se como alternativa ou sua maior autonomia ou sua vinculação privilegiada com o Poder Legislativo, a exemplo, no plano federal, do Conselho de Comunicação Social. Independentemente dos limites, tais conselhos expressam uma tentativa de repensarem-se em novas bases as relações entre Estado e Sociedade Civil e de superar-se a crise de representação.

9

O poder judiciário, o juiz e a lei

Texto publicado *in Revista de Direito Alternativo*,
Editora Acadêmica, São Paulo, nº 1, 1992.

Se o Estado caracteriza-se na célebre fórmula de Max Weber pelo "monopólio da força física legítima", é a Justiça que dá em grande parte o atestado de legitimidade à dominação exercida pelo Estado. Em outros termos, a Justiça participa no processo de legitimação do poder político. Entretanto, não podemos desconhecer a autonomia relativa do Judiciário em decorrência inclusive da existência de diferentes poderes "independentes e harmônicos" e em função de sua ligação privilegiada com o Direito. Assim, o papel na prática judicial de valores ou mitos como "justiça", "bem comum", "liberdade", "igualdade", "eqüidade" etc., que se constituem numa projeção da ideologia dominante, mas que, em determinadas circunstâncias, podem representar um fator de resistência ao poder. Neste particular, o que caberia caracterizar como conservadorismo jurídico poderia eventualmente traduzir-se em progressismo político.

A independência da função judicial pode entender-se de duas maneiras distintas: como independência com relação ao Executivo e com relação aos centros burocráticos de decisão internos ao próprio aparelho judicial e como independência com relação a qualquer controle social. A primeira corresponde ao modelo teórico da separação dos poderes; a segunda assegura uma espécie de imunidade e mesmo de irresponsabilidade com respeito à soberania popular. Infelizmente, a independência da função judicial tem concernido na prática bastante mais à segunda do que à primeira modalidade de independência.

Como instrumento de tutela dos direitos e liberdades do cidadão face ao poder, a magistratura deve tanto assegurar sua independência com relação a qualquer condicionamento do poder, seja interno seja externo ao aparelho judicial, como vincular-se à soberania popular. Com relação a este último aspecto, o modelo de juiz eletivo pode ser um fator de quebra da lógica de casta da magistratura; entretanto, pode igualmente transformar-se numa expressão direta da classe política dominante. Sem contar com a possibilidade de aprofundar a separação vertical no interior da magistratura. Demais, o juiz eletivo não é inevitavelmente um juiz popular, na medida em que tende a ser recrutado, por razões "técnicas", nos segmentos burgueses e pequenos burgueses. Por fim, a eleição do juiz não impede necessariamente sua dependência com respeito ao poder, podendo inclusive melhor legitimá-la.

A autonomia da Justiça só pode ser devidamente pensada em um sistema que consagre, por um lado, uma certa autonomia da Sociedade Civil com relação ao Estado, e, por outro, uma certa autonomia do direito com relação ao poder.

9.1. Pluralismo jurídico

A ciência tradicional do direito parece continuar a acreditar no mito monista: só existiria o direito oficial, aquele do Estado. Afirmando-se a necessária ocorrência de um só sistema jurídico em uma dada sociedade e negando-se a eventual possibilidade de qualquer autonomia jurídica, mesmo relativa, dos subgrupos desta sociedade. Entretanto, observamos, desde o simples direito disciplinar de uma associação profissional até o fenômeno mais extremo da emergência de um direito antagonista (como no caso das "sociedades de malfeitores" ou na hipótese de movimentos revolucionários), uma pluralidade de mecanismos jurídicos - para não dizer uma pluralidade de sistemas jurídicos - em uma mesma sociedade. Assim, o mito unitário ou centralista (o direito emanaria só do nível político superior, o Estado) exerce tanto uma função de ocultação do direito como favorece, ao mesmo tempo, a política jurídica do Estado de assegurar-se o monopólio do Direito e de tentar enfraquecer ou suprimir os direitos concorrentes.

As teorias do pluralismo jurídico, ao contrário, procuram reconhecer a heterogeneidade jurídica própria de qualquer sociedade. Trata-se de uma temática comum ao jurista, ao antropólogo, ao sociólogo e ao filósofo do direito. A dificuldade maior parece estar na exata delimitação do pluralismo jurídico. Provisoriamente, poderíamos entender o pluralismo jurídico como "a existência, no seio de uma sociedade determinada, de mecanismos jurídicos diferentes aplicando-se a situações idênticas." (Vanderlinden, Jacques, in *Le Pluralisme Juridique - Essai de synthèse*, in *Le Pluralisme Juridique*, Editions de l'Université de Bruxelles, Belgique, 1972, p. 19), embora fosse ainda necessário acrescentar à definição a distinção entre direito estatal e direito não-estatal. A montante, o fenômeno do pluralismo jurídico pode aproximar-se do fenômeno da *pluralidade do direito* (mecanismos jurídicos diferentes aplicando-se a situações distintas); a jusante, do fenômeno da *pluralidade de direitos*, não se podendo mais propriamente falar neste caso de uma única sociedade onde incidem direitos diferentes. Por outro lado, o pluralismo jurídico diferencia-se, embora podendo apresentar pontos de contato, do que se convencionou denominar de "uso alternativo do direito oficial", assim como pode aproximar-se ou mesmo identificar-se com o fenômeno de um "direito alternativo ao direito oficial" (de que a *equity*, em contraste com a *common law*, no seu início, na Inglaterra, não deixa de ser um exemplo).

O pluralismo jurídico pode concernir o conjunto ou a totalidade do direito (por exemplo, aquele que se encontra na Idade Média, resultante da coexistência de poderes temporal e espiritual, ou, eventualmente, em certos subgrupos "marginais"), hipótese rara, ou apenas um ou alguns ramos do direito, possibilidade mais comum, Não necessariamente o direito não-estatal, que caracteriza uma situação de pluralismo jurídico, torna-se contraditório com relação à ordem jurídica principal (o direito oficial), podendo ser integrado, controlado ou complementar. Podemos também observar fenômenos de "despluralização" parcial, na medida em que a sociedade torna-se mais homogênea ou mesmo por imposição do Estado, neste último caso tendendo a ser pouco efetiva.

O reconhecimento do pluralismo jurídico não prejulga seu conteúdo. Se tomarmos por referência a distinção simplificadora e caricata, lei estatal e costume popular, teremos de concluir que nem sempre o costume expressa a vontade popular, podendo ser antes a expressão do interesse dos dominadores, assim como a lei estatal pode ser a expressão de um compromisso entre interesses opostos. Por outro lado, a existência do direito não-estatal pode ser tanto indicador das insuficiências, da ineficácia ou da injustiça da ordem jurídica oficial, como elemento de sua abertura ou democratização pela incorporação das manifestações jurídicas heterogêneas da sociedade.

9.2. Juiz e sistema de direito

A função judicial não pode ser convenientemente avaliada sem relacioná-la com o sistema de direito em que se insere. A este propósito, devemos distinguir entre a tradição do direito escrito, o direito continental, e a tradição da *common law*, o direito anglo-saxônico. Mesmo que se entenda concernir, em ambos os casos, a solucionar um conflito ou a sancionar uma conduta a partir do direito - trate-se de uma regra formal, princípio no sistema de direito escrito, trate-se de um precedente jurisprudencial, princípio no sistema de *common law* -, a dinâmica da operação apresenta-se de forma diversa.

Três elementos principais são apontados por Guy Hermet (Hermet, Guy, *in Sociologie de la Construction Démocratique*, Economica, Paris, 1986, p. 48-49) para diferenciar a tradição do direito escrito da tradição da *common law*. O sistema de direito escrito distingue-se antes de tudo por seu caráter de *corpus* codificado (lembrem-se o Landsrecht de 1794 e o Código napoleônico de 1804, por exemplo). Por outro lado, o legislador continental, mesmo quando se trate do Poder Legislativo, caracteriza-se por ser uma emanação do poder central, enquanto o legislador anglo-saxônico permanece mais autônomo, ligado aos usos e costumes da sociedade, à jurisprudência e ao papel próprio dos juízes. Além disto, no sistema de direito escrito, o juiz tende a ser um operador de uma justiça definida e administrada pelo Estado legislador, um funcionário, na visão do Príncipe. No sistema da *common law*, o juiz é antes percebido como um defensor dos cidadãos, como um "herói cultural".

No sistema da *common law*, a preocupação primeira não é tanto a afirmação de uma norma, mas sobretudo a solução de um litígio. Num certo sentido, as regras de procedimento importam mais do que as regras substantivas (*remedies precede rights*), levando à afirmação de um juiz criador. As próprias leis escritas (*statute law*) não comprometem a preeminência da jurisprudência, sendo verdadeiras exceções à *common law* e devendo mesmo ser interpretadas restritivamente e por referência às suas primeiras interpretações (Soulier, Gérard, in *Les institutions judiciaires et répressives*, in *Traité de Science Politique, 2 - Les régimes politiques contemporains*, PUF, 1985, p. 533).

Neste contexto, entende-se perfeitamente porque se torne muito mais pertinente, no mundo anglo-saxônico, para referir-se ao Estado democrático, a expressão *due process of law* do que a expressão *Estado de direito*, muito mais ligada ao formalismo do sistema de direito escrito. Aliás, o renascimento do direito romano na Europa, a partir dos séculos XI e XII, romanização esta menos intensa na Inglaterra, privilegiou menos a face individualista do que a face portadora de prerrogativas eminentes em favor do Estado. Não por acaso, a exaltação do poder estatal foi sobretudo obra das doutrinas alemã *(Herrschaft)* e francesa *(souveraineté)* do direito público. Com isto não podemos entretanto afirmar que o sistema de direito escrito tenha tido uma dimensão essencialmente autoritária, haja vista o papel do direito do Estado na consagração das liberdades públicas na Europa continental, assim como não podemos afirmar que o sistema da *common law* tenha tido uma dimensão essencialmente libertária, haja vista a prática dos tribunais anglo-saxônicos no passado.

Nossa experiência relaciona-se com a tradição do direito escrito, com ênfase na função do Estado legislador. Porém, ao contrário de compreendermos ambas as tradições como apresentando elementos incompatíveis ou contraditórios, devemos cada vez mais afirmar o papel próprio do juiz no ato de julgar de forma a perseguir-se uma justiça mais contemporânea de seu tempo.

9.3. O juiz e a lei

Dizer simplesmente que a função judicial está submetida à lei não é de todo inexato, embora não elucide suficientemente a natureza da atividade de julgar. A função de aplicar o direito não se reduz a uma pura operação silogística em que a norma geral atuaria como premissa maior, o caso concreto funcionaria como premissa menor e a decisão ou a sentença valeria como conclusão do silogismo.

A afirmação do caráter objetivo da lei foi particularmente enfatizada, no século passado, pela escola da exegese. Não só refletia uma desconfiança com relação aos magistrados, recrutados, durante o Antigo Regime, no seio da aristocracia, como também correspondia às necessidades de segurança e de certeza jurídicas do sistema social em implantação. Nesta perspectiva, a função judicial reduz-se a uma atividade quase mecânica de aplicação-repetição da norma através de um procedimento lógico-formal de simples dedução. Incorporou-se com o tempo a idéia de um poder mais largo de interpretação por parte do juiz, inclusive com o apelo a referências exteriores à própria norma em questão. Entretanto, este poder mais largo de interpretação não representava um risco maior porque, se fazia apelo a referências exteriores à norma, não fazia apelo a referências exteriores ao sistema de valores em que se inseria a norma. Mesmo quando, em função das lutas sociais, novos sistemas de valores surgiram, os magistrados tenderam geralmente a optar pelo sistema de valores hegemônico, inclusive em função de suas ligações orgânicas, enquanto segmento social, com a classe dominante.

O surgimento de novas demandas, a conquista de espaços democráticos, a emergência de uma sociedade pluralista fizeram com que a lei perdesse muito de sua homogeneidade anterior, de seu caráter de mandamento absoluto, geral, único e permanente, o magistrado podendo e devendo mesmo fazer também apelo a referências exteriores ao sistema de valores hegemônico, na medida em que se tratava de uma sociedade permeada de conflitos e em processo de evolução. Além disto, conforme têm assinalado alguns autores, a lei perdeu igualmente muito de seu caráter de "expressão da vontade geral" para tender a transformar-se em expressão de uma política ou meio de uma política, tomando um aspecto mais conjuntural. Este enfraquecimento da generalidade da lei foi acompanhado por um debilitamento de sua normatividade.

A lei dessacraliza-se, num certo sentido; ela aparece então como a concretização jurídica, num dado momento, de relações de força. Ao mesmo tempo, surge a imagem do juiz intérprete do conflito social. Num outro diapasão, o desenvolvimento do Estado contemporâneo colocou em grande parte em causa o princípio de legalidade, fonte de entraves para uma administração preocupada antes de tudo com uma rentabilidade ou eficiência máximas. Esta e outras mudanças acarretaram muitas vezes o abandono da doutrina anterior: à tese de um Poder Judiciário distinto e independente sucede a noção de uma "autoridade" judiciária, simples auxiliar do Poder Executivo. A expressão *Poder Judiciário* tende então a ser considerada como uma lembrança do passado.

Como evitar Caríbdis sem cair em Cila? O voluntarismo subjetivista não parece ser a única alternativa ao determinismo objetivista, nem o "governo dos juízes" a única alternativa aos "juízes do governo".

9.4. Uso efetivo do direito

A reflexão em torno de um uso alternativo do direito e, inclusive, a propósito de um direito alternativo ao direito oficial tornou-se objeto, desde 1990, de vivas e acaloradas discussões jurídicas, em especial no Rio Grande do Sul. Trata-se de temática intensamente desenvolvida na Europa a partir dos anos 60. Estimulada, entre outras coisas, pela emergência de novos movimentos sociais e conseqüente demanda de novos direitos;

pela própria crise, então diagnosticada, do modo jurídico de regulação social e por uma reavaliação crítica da função judicial. A rigor, o direito, a norma jurídica, por sua generalidade e mesmo por sua ambigüidade muitas vezes inevitável, favorece um uso alternativo, a função de interpretação/aplicação da lei não se reduzindo a uma atividade puramente mecânica, de natureza simplesmente lógico-formal. Neste sentido, concerne a questão tão antiga como o próprio direito. Entretanto, referir-se contemporaneamente a um uso alternativo do direito diz sobretudo respeito a um uso alternativo que incorpore na ordem jurídica existente, através da atividade jurisdicional, novas demandas e novos direitos na direção de uma justiça substancial ou na perspectiva de realçar interesses que não são os dominantes na totalidade de um determinado sistema jurídico. O uso alternativo do direito dá-se no marco da interpretação/aplicação da lei, no leito portanto da ordem jurídica estabelecida. Diferencia-se assim do que poderíamos propriamente caracterizar como um direito alternativo ao direito oficial. Aqui, trata-se de direito concorrente, paralelo ao direito oficial, não necessariamente contraditório com ele, mas, ao contrário, podendo ser integrado, controlado ou complementar. Aliás, a história do direito revela a recorrência tanto de um como de outro dos fenômenos.

O juiz não é simplesmente a "boca da lei". Como se disse acima, a função de aplicar a lei não se reduz a um silogismo elementar em que a norma geral atuaria como premissa maior, o caso concreto funcionaria como premissa menor e a decisão ou a sentença valeria como conclusão do silogismo. Entretanto, o antiformalismo, o antinormativismo de princípio, que já foi também, no tempo próprio, antiliberalismo, oferece riscos consideráveis. O voluntarismo subjetivista, repita-se, não parece ser a única alternativa ao determinismo objetivista, nem o "governo dos juízes" a única alternativa aos "juízes do governo". Em outros termos, cabe, como bem assinala Elías Díaz, "analisar as possibilidades de uma concepção normativa do Direito compatível com a plena legitimidade da Sociologia e da Filosofia jurídicas." (Díaz, Elías, in *Sociología y Filosofía del Derecho*, Taurus, Madrid, 1981, p. 114)

Na nossa realidade, independente ou paralelamente a um eventual uso alternativo do direito, tal como entendido, importa também ou sobretudo um *uso efetivo do direito*. O descumprimento da regra jurídica, máxime em matéria de direitos e liberdades, é uma constante em nossa precária experiência, marcada pela retórica jurídica: direitos consagrados, inclusive no plano constitucional, mas continuamente desrespeitados. Daí, a necessária exigência e luta pela efetividade do direito. Aqui, oferece-se um filão rico e frutífero para o trabalho do intérprete/aplicador da lei. No que se refere especificamente à Constituição, não só o reconhecimento da eficácia jurídica de suas normas, inclusive programáticas, mas igualmente a reinterpretação, à luz dos novos parâmetros constitucionais, da legislação ordinária anterior não incompatível com a nova Constituição. Sem falar na própria regulamentação do dispositivo constitucional, quando necessária.

10
Existe um direito do trabalho?

Texto publicado *in Zero Hora*, Porto Alegre, 13/03/1990.

Aplicado a uma área sensível das relações sociais, o direito do trabalho, em permanente processo de mudança e adaptação, encontra dificuldades para uma construção doutrinária demasiadamente rígida. Questionar, porém, sua existência, conhecendo-se a importância da legislação social na regulamentação das relações entre o capital e a força de trabalho na sociedade industrial moderna, poderia parecer à primeira vista um despropósito ou mesmo uma provocação, se não fosse exatamente para realçar a novidade e a relevância desta legislação.

Direito conquistado nas barricadas, na expressão de Georges Scelle, o direito do trabalho caracteriza-se por excelência como um direito que regulamenta o conflito. Entretanto, não é um direito que se dissolve no conflito, devendo manter uma certa autonomia com relação ao conflito, sob pena de perder sua função regulamentadora. Aqui, sua diferença essencial com relação ao direito clássico, como assinala François Ewald em elucidativo ensaio (Ewald, François, *in Le Droit du Travail: Une Légalité sans Droit?*, Notes de la Fondation Saint-Simon, Paris, nº 1, junho/1983): enquanto para este o conflito só pode ser exterior ao direito, para o direito do trabalho o conflito é interior ao direito, dificuldade suplementar para a construção de uma doutrina do direito do trabalho. Relação de interioridade com o conflito que lhe dá uma lógica diferente da tradicionalmente atribuída ao direito. Por exemplo, ao invés de pensar se a greve é uma atividade permitida ou proibida, deve pensar a relação entre duas exigências *socialmente* legítimas: o direito de propriedade e o direito de greve e, a partir desta relação, solucionar o conflito. A própria definição dos direitos em presença é feita a partir desta relação interna de conflito. Particularidades estas que se repercutem nos procedimentos utilizados e na atividade jurisdicional, implicando mesmo uma nova maneira de julgar.

Mas a maior novidade do direito do trabalho parece ser a de antecipar-se e a de anunciar a construção do que se passou a denominar já há algumas décadas de "direito social". Direito social este que não se limita apenas a suprir lacunas do direito civil - como tradicional e convencionalmente procurou-se caracterizar o direito do trabalho -, mas direito este que se apresenta como alternativo ao direito clássico, conquistando mesmo espaços ao direito civil.

Trata-se antes de tudo de um direito de grupos e de um direito de compensação. Direito de grupos, pertinente sobretudo a categorias sociais ou a indivíduos enquanto membros de uma categoria social, os chamados sujeitos coletivos ou sociais, tanto os tradicionais - como as categorias profissionais -, como os novos. Direito de compensação, procurando, nos limites impostos pela organização social, reduzir ou atenuar as desigualdades sociais, através de uma legislação de compensação. Direito que se estende cada vez mais a novas áreas: haja vista os direitos do consumidor, os direitos dos usuários dos serviços públicos, o direito de locação, o direito ecológico, para indicarmos apenas algumas.

Este processo de "socialização" do direito revela-se como um processo incontestável de abertura da ordem jurídica e como um dos elementos da denominada crise do direito. Crise de mudança de parâmetros que choca a sensibilidade dos juristas pouco afeitos às novas exigências.

11

Crise e reforma do ensino jurídico

Texto publicado *in Zero Hora*, Porto Alegre, 29/12/1989

Já há pelo menos algumas décadas, refere-se a existência de uma crise do ensino jurídico, a afirmação tornando-se inclusive um lugar-comum. Aponta-se assim para o reconhecimento de uma "inadaptação do ensino do direito às condições presentes". Inadequação esta que remete por sua vez a uma própria crise do direito, direito aqui entendido como modo de regulação das relações sociais. Aliás, o caráter e mesmo os resultados das diferentes propostas de reforma do ensino jurídico dependem consideravelmente da pertinência do diagnóstico realizado.

O modelo clássico dos estudos de direito adequava-se antes de tudo a uma sociedade fundada na supremacia de normas genéricas e abstratas, em que o direito, confundido com as regras dos códigos, possuía um papel destacado na organização e na representação social. Neste contexto, o ensino dispensado pelas Faculdades de Direito, intérpretes dos códigos, correspondia significativamente à prática social. Entretanto, estas condições alteraram-se com o tempo, denunciando um cada vez maior descompasso entre as regras dos códigos e a realidade social, sobretudo em sociedades marcadas por profundas desigualdades, como a nossa, o modo jurídico de regulação social encontrando-se em conseqüência afetado. Não só, para indicar apenas alguns elementos desta crise, a intervenção progressiva do Estado nos domínios econômico, social e cultural, entre outros, no âmbito de um Estado do Bem-Estar Social, enfraquecendo inclusive o tradicional princípio de legalidade da sociedade liberal, mas principalmente as dificuldades crescentes de o direito resolver a contento conflitos que não são necessariamente ou exclusivamente interindividuais, mas cada vez mais intergrupais. Lembre-se contudo a este propósito que a Constituição de 1988 reconheceu e ampliou o papel dos denominados "novos sujeitos sociais".

A crise do direito, que se traduz em um fenômeno multifacetado, talvez possa ser melhor percebida através da crise do ensino do direito. Assim, as discussões sobre a reforma dos estudos jurídicos serviriam de revelador da crise do direito. Afinal, a crise do direito não é antes de tudo uma crise do conhecimento jurídico? Nesta perspectiva, o ensino do direito não pode constituir-se em lugar privilegiado de resposta à crise do direito?

Uma das grandes tentações ou um dos grandes riscos existentes com relação às propostas de reforma do ensino jurídico reside no que poderíamos designar de *visão didaticista*. Em outras palavras, a crença de que a superação do modelo tradicional dos estudos de direito dependeria primordial se não exclusivamente de uma simples reformulação do currículo ou da didática dos cursos de direito. Qualquer proposta de reforma do ensino jurídico que se pretenda consistente envolve necessariamente um reflexão profunda sobre o papel e as funções do direito em uma sociedade moderna, permeada de antagonismos e conflitos, num verdadeiro reencontro do direito com o fato social. Revelando assim, ao invés de escamoteá-los, os valores e os interesses que informam a produção e a aplicação da norma jurídica.

De qualquer forma, a "instância" didática assume relevância numa abordagem abrangente e global do problema. Assim, questões como métodos de ensino (aula expositiva, não necessariamente "lição magistral"; discussão de casos; debate de textos; trabalhos coletivos etc.), instrumentos de avaliação, formação básica e ensino profissionalizante, formação jurídica e investigação científica, por exemplo.

12

Constituinte: balanço e perspectivas

Texto publicado *in Zero Hora*, Porto Alegre, 07/01/1988.

Ninguém duvidava de que o processo de elaboração constitucional seria inevitavelmente condicionado pelas particularidades de nossa transição política. Aliás, este condicionamento manifestava-se já no próprio ato convocatório da Constituinte, um Congresso Constituinte substituindo-se a uma autêntica Constituinte. Esperava-se, entretanto, inclusive em função de uma maior participação popular neste processo, que o poder constituinte formal, isto é, a entidade responsável pela elaboração da Constituição formal ou jurídica, o Congresso Constituinte em suma, conseguisse eventualmente ultrapassar os limites estreitos representados pelo poder constituinte material, pela força política protagonista da mudança institucional, abrindo assim novas perspectivas para a construção da democracia em nosso país. O momento político não enseja muitas expectativas a este respeito. Parece que a degenerescência da atual conjuntura política conjuga-se com nossa precária tradição constitucional no sentido de inviabilizar qualquer alternativa mais razoável ou efetiva ao liberal-conservadorismo, predominante em grande parte de nossa história constitucional.

Nosso constitucionalismo, ao contrário do constitucionalismo clássico, nasce sob o signo da autoridade. Aqui, as Constituições caracterizam-se antes por ser um estatuto da autoridade do que por constituírem um estatuto da liberdade. As relações entre o Príncipe e a Constituinte, entre o governante e a representação popular sempre foram problemáticas, a dissolução da Constituinte de 1823 por D. Pedro I significando um caso exemplar, embora extremo. Nossa primeira Constituição, a Constituição de 1824, outorgada por D. Pedro I, inspira-se no constitucionalismo conservador da Restauração (1814-1830). Esta mesma Constituição desloca a Declaração dos Direitos, geralmente o preâmbulo das Constituições da época, para o seu último e derradeiro artigo, o de número 179 do Título 8º (Das Disposições Gerais e Garantias dos Direitos Civis e Políticos dos Cidadãos Brasileiros), as Constituições posteriores pouco alterando neste particular. De maneira geral, as idéias libertárias do constitucionalismo clássico, quando confrontadas com uma realidade diametralmente oposta àquela onde se originaram, desfiguraram-se completamente. No que se refere mais especificamente à organização do poder, observamos que nosso parlamentarismo monárquico correspondia melhor, inclusive com a criação do Poder Moderador, inspirado na obra de Benjamin Constant, à fórmula de Guizot ("o trono não é uma poltrona vazia") do que à fórmula de Thiers ("o Rei reina, mas não governa"). Aliás, Carlos Maximiliano assinalou enfaticamente que no Brasil o Rei reinava e governava. Lembre-se, entre outras coisas, o denominado "poder pessoal" do Imperador. O presidencialismo republicano, introduzido com a Constituição de 1891, representaria antes uma continuidade do que uma ruptura com este parlamentarismo monárquico, nossa instituição presidencial identificando-se praticamente com uma instituição imperial.

Se o liberal-conservadorismo predominou em grande parte de nossa história constitucional, retratado sobretudo nas Constituições de 1824, 1891 e 1946, encontramos igualmente uma outra vertente constitucional, a de autoritário-modernismo, parecendo não ter havido espaço suficiente para a emergência de um liberalismo ao mesmo tempo modernizador e democrático. Liberalismo conservador e autoritarismo modernizador que nem sempre se apresentam como tendências necessariamente contraditórias, a Constituição de 1934 alcançando talvez a melhor síntese das duas vertentes. A notar-se, ainda, que as principais inovações constitucionais no campo dos direitos sociais deveram-se principalmente a uma simples outorga do poder, daí sua precariedade, do que a uma efetiva conquista das classes trabalhadoras, atestando a fragilidade de nossa história social.

Tudo indica que dificilmente o atual processo de elaboração constitucional conseguirá inovar em profundidade com relação à herança do liberal-conservadorismo. Alguns avanços são inegavelmente perceptíveis no trabalho realizado até o momento. A começar pela alternativa de redação de uma Constituição analítica, fugindo assim ao equívoco conservador de elaboração de uma Constituição concisa, limitada apenas à declaração dos direitos e ao estatuto do poder, temas tradicionais. Incorporando então novas questões que passaram a ter uma importância cada vez maior na atualidade, merecendo por isto mesmo um estatuto constitucional. A Declaração dos Direitos, além de compor o preâmbulo do Projeto de Constituição da Comissão de Sistematização da Constituinte, amplia-se consideravelmente; mecanismos mais eficientes e aperfeiçoados de controle do poder são previstos; o fortalecimento do Legislativo parece visado. Entretanto, pouco se altera no atinente à ordem econômica. Neste sentido, não se instrumentalizam aqueles direitos de forma a torná-los efetivos, mais do que simples declaração de intenções, artifício permanente das elites. Os relativos avanços observados, hoje aliás colocados em questão no plenário da Constituinte, são assim em grande parte descaracterizados, mantendo-se nos limites do liberal-conservadorismo. A própria conjuntura política do país, a interferência do Executivo, a presença do poder econômico favorecem esta solução. Inclusive, em comparação com a atividade prévia das subcomissões e das comissões temáticas da Constituinte, mais sensíveis à demanda popular, retrocedeu-se consideravelmente. A manter-se este quadro, em contraste com as expectativas inicialmente geradas, o grande risco será o de o processo constituinte transformar-se em um processo de desmascaramento constitucional.

13

A Constituição de 1988 e sua reforma

Texto publicado in Indicadores Econômicos FEE, FEE, Porto Alegre, v. 23, nº 3, 1995. Três primeiros ítens originariamente publicados in Diário do Sul, Porto Alegre, 09, 10-11 e 24-25/09/1988.

13.1. A elaboração da Constituição de 1988

O processo de elaboração constitucional esteve condicionado pelas particularidades da transição política que se caracterizou por ser nem um simples continuísmo, nem uma efetiva ruptura, mas uma transição pelo alto, pactada inclusive com o Estado autoritário. Lassalle tinha assim razão quando afirmava que a essência da Constituição são os fatores reais de poder, as relações de forças políticas existentes na sociedade. A Constituição formal ou jurídica representa, num primeiro instante, a racionalização jurídica de uma determinada ordem social, convertendo em instituições jurídicas os fatores reais de poder. A Constituição adequada seria então aquela que correspondesse no fundamental à Constituição real e efetiva. Por tudo isto, "os problemas constitucionais não são primariamente problemas de direito, mas de poder". Entretanto, a Constituição formal ou jurídica não pode ser uma simples fotografia da realidade, traduzindo em disposições escritas os fatos, a reboque dos fatos, portanto. Ela é mais do que uma simples "folha de papel" como afirmava Lassalle. Se deve obedecer no essencial às condições sociais, ela deve também pretender elevar-se acima das práticas condenáveis e ultrapassadas. Em suma, não podemos desconhecer a força ativa da Constituição formal ou jurídica, sua eficácia renovadora e até, em determinadas circunstâncias, transformadora, apontando para um horizonte histórico mais avançado.

Assim como podemos distinguir entre uma Constituição formal ou jurídica, por um lado, e uma Constituição real e efetiva, os fatores reais de poder, por outro, devemos igualmente diferenciar o poder constituinte material do poder constituinte formal. O poder constituinte material identifica-se com a força política protagonista da mudança institucional, enquanto o poder constituinte formal confunde-se com a entidade responsável pela elaboração da Constituição formal ou jurídica. De acordo com Jorge Miranda, o poder constituinte material representa "um poder de autoconformação do Estado segundo certa idéia de Direito"; o poder constituinte formal "um poder de decretação de normas com a forma e a força jurídicas próprias das normas constitucionais.". (Miranda, Jorge, in *Manual de Direito Constitucional*, v. II - *Introdução à Teoria da Constituição*. Coimbra, Coimbra Editora Limitada, 2ª edição revista, 1983, pp. 62-63) Neste sentido, o poder constituinte material precede e conforma o poder constituinte formal, embora este último confira juridicidade ao poder constituinte material. Porém, o poder constituinte formal não pode ser automaticamente deduzido do poder constituinte material. Os princípios genericamente enunciados pelo poder constituinte material devem sofrer por parte do poder constituinte formal as necessárias determinações que inevitavelmente comportam opções e alternativas jurídico-políticas fundamentais. Mas não apenas isto: as circunstâncias políticas podem eventualmente favorecer, sobretudo tratando-se de um processo onde a hegemonia política não esteja ainda cristalizada, o papel e a importância do poder constituinte formal na própria definição daqueles princípios.

Nesta perspectiva, até que ponto a nova Constituição conseguiu inovar com relação a nossa precária tradição constitucional e colocar-se, para o futuro, como instrumento de efetiva modernização da sociedade? Além dos limites impostos pela natureza da transição política e em decorrência deles, a Constituinte apresentou inúmeros vícios de origem, entre outros aquele que diz respeito às distorções de representação entre os Estados, nitidamente sub-representando as forças populares no seu interior. Some-se a isto as reiteradas pressões no decorrer do processo constituinte, tanto por parte do Executivo, aí incluída a corporação militar, como por parte dos grandes interesses econômicos. A própria Constituinte abriu mão em grande parte de sua soberania, como no episódio da definição e redação do seu Regimento Interno. A tendência da conjuntura política a uma consolidação conservadora, favorecida também pela desmobilização crescente das forças populares, após tantas e repetidas frustrações, impediu maiores avanços. Some-se a isto ainda a articulação da direita e alguns erros dos setores populares que por momentos pareceram preferir a negociação parlamentar a um trabalho de base, onde estaria o essencial de sua força. Numa atuação denunciada como golpista pela direita, apostou-se demasiadamente nos trabalhos da Comissão de Sistematização, que não refletia o Plenário e onde foram feitas importantes concessões, ao invés de preparar-se para o embate principal, a direita, através de seus substitutivos com preferência sobre o próprio projeto da Comissão de Sistematização, tendo deixado os setores populares na defensiva desde o primeiro turno. O processo de elaboração constitucional refletiu inevitavelmente esta realidade.

De qualquer forma, as Constituições costumam representar nas democracias liberais um compromisso multifacetado: compromisso entre as tradições políticas existentes e o direito constitucional geral; compromisso entre forças conservadoras e forças reformadoras, entre outros. Por isto mesmo, dificilmente poderemos esperar ou exigir das Constituições o que elas não podem ou não devem oferecer, isto é, uma perfeita homogeneidade ideológica ou política, embora deva ser assegurada e preservada sua unidade e coerência jurídicas. A questão principal a ser respondida no nosso caso é aquela referente a favor de qual projeto ideológico ou político operou-se prioritariamente este compromisso. Inegavelmente, ele ocorreu favoravelmente ao liberal-conservadorismo que juntamente com o autoritário-modernismo são as duas principais vertentes de nossa história constitucional.

13.2. As "Constituições" da Constituição de 1988

O fato de o perfil da nova Constituição revelar-se predominantemente liberal-conservador não impediu, porém, que novos e importantes direitos populares fossem previstos, atendendo inclusive ao caráter compromissório das Constituições. Assim, observamos alguns avanços significativos. A começar pela alternativa de redação de uma Constituição analítica, evitando o equívoco conservador de elaboração de uma Constituição concisa, limitada apenas à declaração dos direitos, sobretudo os direitos individuais e os direitos políticos, e ao estatuto do poder, temas clássicos. Incorporando então novas questões que passaram a ter uma importância cada vez maior na atualidade, merecendo por isto mesmo um estatuto constitucional. A declaração dos direitos, além de suceder ao preâmbulo e aos princípios fundamentais, alterando a sistemática adotada pelas Constituições anteriores, amplia-se consideravelmente; mecanismos mais eficientes e aperfeiçoados de controle do poder foram alcançados; o fortalecimento do Legislativo foi visado. Entretanto, pouco se alterou no atinente à ordem econômica, mantendo-se intacto o modo de acumulação vigente. Neste sentido, não se instrumentalizaram suficientemente aqueles direitos de forma a torná-los mais efetivos, além de simples declaração de intenções, tentativa permanente das elites. Aliás, em comparação com a atividade prévia das subcomissões e comissões temáticas da Constituinte, mais sensíveis à demanda popular, retrocedeu-se significativamente. Além disto, tendeu-se a optar, em questões polêmicas e críticas, pelo subterfúgio ou pelo artifício de remeter a solução final da matéria ao legislador ordinário. O uso e o abuso das definições genéricas e vagas, das fórmulas vazias, das normas programáticas se pretendeu muitas vezes contornar conflitos e impasses políticos, evitando por exemplo os denominados "buracos negros", atendeu principalmente aos objetivos e interesses conservadores, comprometendo a eficácia e salientando ainda mais o caráter liberal-conservador da nova Constituição. De qualquer forma, o processo constituinte serviu pelo menos para desmistificar a idéia da norma jurídica, e sobretudo a norma constitucional, como mandamento objetivo, neutro e imparcial, revelando ao contrário o conflito de interesses a sinalizar sua elaboração.

Identificamos nas modernas Constituições pelo menos três grandes segmentos: uma Constituição social, fundamentalmente a declaração dos direitos, tanto os clássicos e tradicionais, como os novos e modernos, uma Constituição política, basicamente a estrutura do poder, seja no plano horizontal (o sistema de governo), seja no plano vertical (a forma de Estado) e uma Constituição econômica, o modo de acumulação no essencial. Os avanços obtidos dizem prioritariamente respeito às duas primeiras, a Constituição econômica tendo sofrido inclusive alguns retrocessos.

A Constituição social inspirou-se em grande parte da Constituição portuguesa de 1976, embora tendo ainda ficado bastante aquém dela. Criaram-se novos institutos ou remodelaram-se anteriores institutos como a aplicabilidade imediata das normas definidoras dos direitos e garantias fundamentais, o mandado de injunção, a inconstitucionalidade por omissão, o mandado de segurança coletivo, o *habeas data*, o direito a receber dos órgãos públicos informações de interesse particular, coletivo ou geral, que serão prestadas no prazo da lei, sob pena de responsabilidade. Aliás, o artigo 5°, dos direitos e deveres individuais e coletivos, talvez seja o ponto alto, mais libertário da nova Constituição. Introduziram-se mecanismos da democracia direta; alargaram-se os direitos sociais. Rompeu-se parcialmente com a tradição individualista do nosso direito, entendendo-se os conflitos jurídicos não mais como exclusivamente inter-individuais, mas cada vez mais como conflitos intergrupais, e reconhecendo-se o papel fundamental na atualidade dos novos sujeitos sociais como sindicatos, entidades e associações da sociedade civil. O presidencialismo foi reformado, fortalecendo-se o Legislativo, inclusive através da adoção de alguns corretivos parlamentaristas, sistemática aliás já inaugurada pela Constituição de 1934. Da mesmo forma, o Estado Federal foi redimensionado, alcançando-se talvez pela primeira vez uma efetiva autonomia municipal. Entretanto, no que se refere especificamente ao Poder Judiciário, não se chegou, conforme inicialmente cogitado, tanto à criação de uma verdadeira Corte Constitucional, nos moldes europeus, como à organização de um Conselho Nacional de Justiça, de ampla representação, que significariam um inequívoco progresso. Além disto, poucos avanços houve no sentido de um controle social do poder mais amplo, como a criação de um Conselho Econômico e

Social. Os maiores atrasos estiveram por conta, porém, da Constituição econômica. Além de manter intacto o modo de acumulação vigente, retrocedeu-se nitidamente com relação à reforma agrária e ao papel do Estado na economia, ficando aquém mesmo do anterior estatuto autoritário.

Afinal, a nova Constituição antes serviu à legitimação da vontade das elites e à preservação do *status quo* ou poderá significar um instrumento de efetiva modernização da sociedade? A assinalar-se inicialmente que o trabalho constituinte não se encerra propriamente com a promulgação da Constituição. A regulamentação do novo texto constitucional, assim como a adaptação da legislação ordinária, representam um prolongamento inevitável e necessário do processo constituinte. A maior ou menor amplitude dos direitos constitucionalmente previstos depende consideravelmente da atividade legislativa pós-constituinte. Além disso, a efetividade destes direitos depende igualmente da atuação dos partidos políticos e das entidades e associações da sociedade civil, bem como da consciência e da participação populares. Como vemos, a resposta àquela questão fica em grande parte em aberto. Independentemente das limitações apresentadas pela nova Constituição, cabe explorar ao máximo suas virtualidades no sentido da modernização da sociedade.

13.3. As "virtualidades modernizantes" da Constituição de 1988

Em todo processo de elaboração constitucional identificamos elementos de continuidade e elementos de descontinuidade com relação à herança constitucional nacional. A maior ou menor ruptura com o direito anterior dependerá, em grande parte, embora não exclusivamente, das condições e da natureza da mudança institucional ou, na linguagem dos juristas, das hipóteses de exercício do poder constituinte originário que são aqueles fenômenos políticos, sociais, extrajurídicos portanto, que tornam necessária a elaboração constitucional. Historicamente, a revolução constituiu a hipótese clássica, marca do constitucionalismo moderno. Entretanto, ocorreram igualmente mudanças do regime político, que está na base do exercício do poder constituinte originário, sem ruptura revolucionária. Aliás, torna-se muitas vezes difícil estabelecer concretamente uma nítida fronteira entre estas duas hipóteses de exercício do poder constituinte originário.

Já salientamos acima que, exatamente em decorrência das características e das limitações de nossa transição política, prevaleceram na nova Constituição os elementos de continuidade, seu perfil revelando-se predominantemente liberal-conservador, entre outras coisas através da manutenção praticamente intacta do modo de acumulação vigente. Mas que, em função inclusive do caráter compromissório das Constituições, encontramos ao mesmo tempo virtualidades modernizantes. Assim, em que pese poder servir fundamentalmente à legitimação da vontade das elites e à preservação do *status quo*, não podemos porém desconhecer que ela poderá também representar um instrumento, limitado e parcial é verdade, de modernização da sociedade. E que, neste particular, cabe, por parte das forças populares, a luta pela preservação e pela ampliação de espaços constitucionais.

Uma leitura determinista, não dialética, portanto, da célebre conferência de Lassalle realizada no século passado (*Sobre a Essência da Constituição*), leitura esta talvez sugerida pelo próprio texto, mas a favor do qual pesam, entretanto, as circunstâncias da época de sua redação, favoreceu uma relativização indevida do papel e das funções das Constituições, tendendo a torná-las meras "folhas de papel", um simples epifenômeno das determinações econômicas e sociais, dos denominados "fatores reais de poder". Desconhecendo-se, embora a conexão com a realidade seja o seu elemento principal, a dialética existente, primeiro, entre Constituição formal e jurídica e Constituição real e efetiva e, depois, entre poder constituinte formal e poder constituinte material, e ignorando-se ao mesmo tempo a dimensão prospectiva das modernas Constituições. Assim, não podendo as Constituições nada mais do que refletir a realidade, pouco restaria no sentido de apontar-se para um horizonte histórico mais avançado. Este pretenso ou falso realismo, cuja outra face parece ser o ceticismo político, tem muitas vezes como corolário a desmobilização e o desarme das forças populares durante o processo constituinte e, posteriormente à elaboração constitucional, na luta para assegurar a efetividade do texto constitucional no que se refere aos direitos populares eventualmente conquistados e consagrados. Desertando a dimensão jurídica da disputa política e inviabilizando, num certo sentido, a luta pela atualização, isto é, pela concretização das virtualidades modernizantes porventura existentes. Tão mais grave torna-se isto quanto mais tratar-se de concessões apenas em princípio por parte das classes dominantes, remetendo portanto a uma decisão política ulterior o problema da integralização, ou não, das normas constitucionais atinentes a direitos populares. Aliás, do ponto de vista das classes dominantes, a legitimação da ordem estabelecida revela-se uma das principais funções do Direito, cabendo às forças populares lutar pela efetividade daqueles direitos, algo mais do que simples retórica legitimadora. Em suma, a possibilidade de a Constituição, no respeitante a direitos populares, deixar de ser uma Constituição-programa, de reduzida efetividade, e passar a ser uma Constituição-lei, de relativa efetividade, dependerá basicamente da relação de forças políticas existente em cada conjuntura precisa.

A miopia política apontada funda-se numa profunda incompreensão da dinâmica da legalidade burguesa. A legislação do trabalho, por mais sensível à demanda popular, é exemplar a este propósito. Para alguns, ela seria uma pura conquista da classe trabalhadora, supondo no limite a possibilidade de uma transformação através do direito. Para outros, ela seria uma pura legalização ou domesticação da classe trabalhadora. Assim, esta última teria sido legalizada na empresa e no Estado, fazendo-se com que falasse a língua que não é a sua, a língua da legalidade burguesa. Ora, a legislação do trabalho nasce da dissociação do trabalho humano da propriedade dos instrumentos de trabalho, estando portanto ligada à emergência do capitalismo. Entretanto, o movimento operário luta para impor, sem por isso transformar a natureza do regime, uma legislação do trabalho de maneira a limitar o poder discricionário do patronato. A legislação do trabalho possui desta forma um duplo aspecto: por um lado, regula a exploração da força de trabalho e, por outro, exprime a resistência da força de trabalho a esta exploração. Tais observações tornar-se-iam mais abrangentes numa reflexão sobre o uso alternativo do direito oficial e mesmo sobre o direito alternativo ao direito oficial, procurando inscrever, nas fissuras da legalidade burguesa, o direito emergente dos de baixo.

13.4. Reforma da Constituição ou "fraude à Constituição"?

Nossa Constituição previu, no artigo 3º do Ato das Disposições Constitucionais Transitórias, um processo de revisão constitucional a efetivar-se após cinco anos contados da promulgação da Constituição, a partir de 5 de outubro de 1993, portanto. Uma análise superficial poderia concluir que o dispositivo em questão guarda semelhança com o artigo 286 da Constituição portuguesa de 1976 (atual artigo 284) ou mesmo com o Título VII da Constituição Francesa de 1791, ou ainda com os artigos 174-177 da Constituição brasileira de 1824. Todavia, enquanto nessas últimas hipóteses tratava-se de dispositivos que visavam a dificultar a reforma da Constituição, proibindo-a antes de decorrido determinado prazo de vigência, no primeiro caso tratou-se de mecanismo para facilitar ainda mais a alteração da Constituição. Em outros termos, a Constituição de 1988 estabeleceu dois procedimentos de reforma constitucional: um ordinário e permanente, o do artigo 60 do *corpus* constitucional, denominado emenda à Constituição, com *quorum* de aprovação de três quintos dos membros de cada uma das casas do Congresso Nacional; outro extraordinário e transitório, o do artigo 3º do ADCT, chamado revisão constitucional, com *quorum* facilitado de aprovação, ou seja, maioria absoluta dos membros do Congresso Nacional, em sessão unicameral (aqui, sem diferenciar-se Câmara dos Deputados e Senado Federal).

O artigo 3º do ADCT foi objeto de um amplo debate jurídico. Poderia o início da revisão ou sua conclusão serem transferidos para a legislatura seguinte ou, ao contrário, a determinação do poder constituinte originário era no sentido de a revisão concluir-se até o término da legislatura inaugurada em 1991, impondo-se inclusive a qualquer tentativa de alteração nesse sentido, mesmo por parte do poder constituinte derivado, exercido pelo Congresso Nacional nos termos do artigo 60 do *corpus* constitucional? Prevaleceriam, com relação à revisão constitucional, os limites quanto ao objeto explícitos, as denominadas "cláusulas pétreas", do parágrafo 4º do artigo 60 da Constituição? E mesmo os limites quanto ao objeto implícitos, sujeitos à construção doutrinária e jurisprudencial? Mais ainda: o artigo 3º do ADCT não se esgotaria no artigo 2º do mesmo ADCT, inviabilizando-se a revisão constitucional se a decisão plebiscitária fosse favorável, como ocorreu, à manutenção da república e à preservação do presidencialismo? Ou, quando muito, seria autorizada apenas, em face do resultado plebiscitário, para aperfeiçoar a forma (república) e o sistema (presidencialismo) de governo?

Malograda em grande parte a denominada revisão constitucional de 1994, que serviu antes de tudo para a aprovação do Fundo Social de Emergência, implementa hoje o governo uma ampla reforma da Constituição através do procedimento previsto no artigo 60 de seu *corpus*.

As primeiras propostas de emenda à Constituição de iniciativa governamental, já aprovadas pelo Congresso Nacional, foram relativas à ordem econômica. Fortalecido por este resultado positivo, o governo acaba de enviar suas propostas de reforma tributária e de reforma administrativa, devendo na seqüência retomar aquela referente à previdência social.

A ninguém é dado desconhecer que a Constituição, como toda norma jurídica, deve continuamente adaptar-se, seja através de interpretação, seja através de modificação, às novas circunstâncias e necessidades impostas pelo decurso do tempo e pela evolução da sociedade. Aliás, as próprias Constituições costumam prever mecanismos de sua alteração.

Entretanto, a Constituição, como parâmetro básico de toda ordem jurídica, deve alcançar um mínimo de estabilidade e segurança jurídicas. Precipitar uma reforma da Constituição pode ser um fator de instabilidade institucional, atingindo ainda mais a supremacia constitucional almejada. Na realidade, os problemas maiores com relação à nova Constituição parecem ser, por um lado, sua falta de aplicação ou sua precária aplicação, por outro, sua má aplicação, antes de sua eventual reforma, Não só a ausência de regulamentação de inúmeros dispositivos, mas igualmente o atentado ao espírito se não à letra do texto fundamental.

A pretexto de uma pretensa crise de governabilidade gerada pela nova Constituição, propõe-se sua ampla e profunda alteração. Se crise de governabilidade eventualmente existe, trata-se antes de uma crise de insuficiência de democracia: institucionalização ainda precária e limitada do jogo democrático, comprometida em grande parte pela herança do passado. Neste contexto, cabe antes de tudo dar efetividade à Constituição de 1988, sobretudo a suas "virtualidades modernizantes", ao invés de atingi-la fundamentalmente. De forma a gerar na sociedade um verdadeiro "sentimento constitucional" (Karl Loewenstein) ou uma efetiva "vontade de Constituição" (Konrad Hesse), necessários à estabilidade das instituições e do sistema político.

Grande parte das propostas surgidas já durante o processo de revisão constitucional no ano passado procurava atingir o "núcleo jurídico-político fundamental" da Constituição de 1988, isto é, seus parâmetros e princípios básicos, caracterizando-se na realidade como propostas de uma nova Constituição sob a aparência de reforma da já existente. Nova Constituição só admissível com novo apelo ao poder constituinte originário, com nova convocação de uma Constituinte. O resultado mais imediato poderia ser o de uma regressão histórica. Mais ainda, ao invés de conformar as políticas públicas à Constituição, procura-se, na ótica conservadora, adaptar a Constituição ao projeto neoliberal de alto custo social para as classes trabalhadoras.

Até que ponto as atuais propostas do governo, algumas já aprovadas pelo Congresso Nacional, não atingem este "núcleo jurídico-político fundamental" da Constituição de 1988? Constituição esta que se inspira nos princípios da democracia social e da democracia participativa, favorecendo ao mesmo tempo um projeto de desenvolvimento nacional, inclusive como forma de viabilizar as conquistas sociais da Constituição. Projeto este que, historicamente, isto é, no contexto de uma industrialização tardia, encontrou e hoje ainda encontra no Estado um importante se não decisivo articulador. Não se trata de desconhecer ou de condenar o processo de internacionalização e de globalização da economia, mas de saber-se em que condições nos inseriremos neste processo: como pólo periférico ou preservando a autonomia dos centros de poder nacionais face à emergência das estruturas de poder transnacionais. De forma a que desenvolvimento, que implica também, no nosso caso, em resgate da dívida social, não seja confundindo - abastardado poderíamos acrescentar - com simples crescimento econômico.

Aliás, a proposta de reforma administrativa, recentemente enviada pelo governo ao Congresso Nacional, soma-se à reforma econômica no sentido do desmantelamento do Estado, como forma de uma inserção ainda mais subsidiária e dependente do país no processo de internacionalização e de globalização da economia.

Neste contexto, caberia mencionar uma possível fraude à Constituição: "... esta prática ... consiste no seguinte: um governo alçado ao poder através de procedimentos legais faz pressão sobre o órgão de revisão para que este transforme a Constituição ou mesmo estabeleça uma nova. Cedendo a estas injunções, a autoridade revisionista opera a mudança solicitada, dentro das formas constitucionalmente previstas e sem que nenhuma solução de continuidade introduza-se na forma entre o texto antigo e o texto novo pelo qual se exterioriza o sucesso da operação. Uma idéia de direito nova, um poder político novo introduzem-se no Estado através do jogo da revisão implícita ou expressa da Constituição e graças a um desconhecimento evidente do espírito segundo o qual ela tinha considerado sua modificação.". (Burdeau, Georges, in Traité de Science Politique, v. IV - Le Statut du Pouvoir dans l'État. Paris, LGDJ, 3ª edição revista e aumentada, 1983, pp. 244-245) Em outros termos, a fraude à Constituição implica uma "utilização do procedimento de reforma para, sem romper com o sistema de legalidade estabelecido, proceder à criação de um novo regime político e de um ordenamento constitucional diferente.". (De Vega, Pedro, *in La Reforma Constitucional y la Problemática del Poder Constituyente*. Madrid, Editorial Tecnos S.A., 1ª edição, 2ª reimpressão, 1991, p. 291) Submetendo em conseqüência a permanência de inúmeras conquistas democráticas que qualificam e dignificam a Constituição de 1988, obtidas num contexto de ampla participação do povo brasileiro, à deliberação de maiorias parlamentares eventuais ou passageiras, sob pressão do Executivo e num momento de crise econômica e social e de relativa desmobilização da sociedade. O que levou Paulo Bonavides, ex-Presidente do Instituto Brasileiro de Direito Constitucional, a afirmar que "a reforma é antipopular, fere a cidadania, desnacionaliza o país e poderá representar um dos piores retrocessos institucionais de todas as fases de nossa existência republicana.". (Bonavides, Paulo, *in Jornal do Conselho Federal da OAB*, nº 40, 1995)

Reforma da Constituição ou *mudança de Constituição?* Esta, a primeira indagação a ser respondida. O que envolve inclusive uma reflexão sobre os limites da reforma constitucional e sobre a eventual inconstitucionalidade de emendas à Constituição.

Caberia igualmente indagar sobre as conseqüências da iniciativa governamental com relação ao consenso social e à estabilidade constitucional necessários para gerar na sociedade "sentimento constitucional" e "vontade de Constituição".

O aperfeiçoamento da Constituição é uma possibilidade sempre presente, estando legitimado para tanto o Congresso Nacional, detentor do poder de reforma constitucional. Mas reforma da Constituição não pode significar mudança de Constituição. Algo só admissível com novo apelo ao poder constituinte originário, como dissemos acima.

A prudência e a sensatez estão a revelar, sobretudo em matéria de reforma da Constituição, a necessidade de um largo consenso. Se há pontos que mereçam aperfeiçoamento em benefício do país e não de grupos, inclusive na perspectiva da alegada "governabilidade", não seria difícil persuadir neste sentido a maior parte se não todas as forças políticas. É o momento de deixarmos de lado a razão cínica e acreditarmos na razão sábia.

14

Prática constitucional

Texto publicado *in* Zero Hora, Porto Alegre, 07/01/1989

Em célebre conferência proferida em 1929, René Capitant sustentou que, mesmo no sistema do direito codificado, o domínio do direito constitucional reservava ao costume um lugar eminente. Assim, o costume seria essencialmente constituinte, e a Constituição, em seus níveis elevados, necessariamente costumeira. Criação direta da consciência e da vontade nacional, o costume seria mesmo superior ao direito escrito. Fonte e fundamento da ordem jurídica, impor-se-ia não apenas ao legislador ordinário, mas inclusive ao legislador constituinte, que retiraria finalmente sua competência do consentimento da nação, do costume em suma. Aliás, a força ab-rogativa das revoluções representaria, segundo ele, um dos aspectos do poder normativo do costume. O costume expressaria portanto uma espécie de superlegalidade constitucional.

As observações acima teriam de ser relativizadas não só em função da abrangência demasiada da noção de costume proposta pelo jurista francês, como também pelo fato de dizerem fundamentalmente respeito a um momento preciso da evolução do parlamentarismo, quando então o costume constitucional adquiriu influência decisiva no delineamento final do sistema de governo em questão. Tratava-se da passagem do modelo de parlamentarismo dualista, onde o Chefe de Estado ainda detinha significativas prerrogativas na administração do Estado, para o sistema de parlamentarismo monista, estando as funções de governo concentradas na figura do Primeiro-Ministro. Elas sugerem, entretanto, uma importante reflexão em torno de temas como o pluralismo jurídico, o empirismo e o racionalismo constitucionais, a prática constitucional. Com relação a este último, assume especial relevância o exame das denominadas "modificações não-formais das Constituições".

Ao lado de mecanismos formais de alteração das Constituições (a revisão constitucional, prevista no próprio texto constitucional), encontramos - embora muitas vezes sem dar a devida e necessária atenção - modificações não-formais das Constituições. A construção doutrinária (ver, por exemplo, Biscaretti Di Ruffia) distingue a este propósito entre: 1) modificações não-formais emanadas de órgãos estatais, seja de caráter normativo (leis, regulamentos, regimentos etc.); seja de natureza jurisdicional (as sentenças, sobretudo no campo do controle da constitucionalidade das leis); 2) modificações não-formais em virtude de fatos, seja de caráter jurídico, como os costumes; seja de natureza político-social, como as convenções ou as simples práticas.

Sabe-se que a norma constitucional como comando genérico remete muitas vezes ou quase sempre, implícita ou explicitamente, a sua regulamentação através de legislação ordinária posterior. A ação ou a omissão do legislador ordinário podem assim significativamente alterar a vontade do legislador constituinte ou o sentido da norma constitucional, frustrando, fraudando ou restringindo, por exemplo, os direitos constitucionalmente prescritos. Daí, a necessidade da existência de mecanismos de autodefesa constitucional como a aplicabilidade imediata e direta dos direitos fundamentais; o princípio da salvaguarda e da garantia da essencialidade destes direitos face à legislação complementar; o controle da constitucionalidade das leis; a inconstitucionalidade por omissão. Por outro lado, a interpretação das normas constitucionais pela autoridade judiciária pode igualmente modificar o texto constitucional. Com razão, o *Chief Justice* Jackson referia-se à Corte Suprema norte-americana como uma Constituinte permanente, as Cortes Constitucionais européias possuindo também um largo campo de ação neste âmbito.

No que se refere ao costume, a polêmica ainda é grande com relação à sua eficácia. A admitir-se o costume ab-rogativo *(contra legem)*, inclusive sob a modalidade do desuso, a Constituição se transformaria, neste particular, de rígida em flexível. Costumes, convenções ou mesmo simples práticas, regras tácitas que impõem determinados comportamentos aos órgãos constitucionais, influem consideravelmente no desenvolvimento concreto do sistema de governo, dando maior flexibilidade ao texto constitucional.

Como vemos, o processo constituinte não se esgota completamente com a elaboração e a promulgação de uma nova Constituição. Tanto as alterações formais como as modificações não-formais das Constituições exigem, por parte dos partidos políticos, das entidades e associações da sociedade civil, uma permanente e constante atenção e atuação.

15

Governabilidade e Constituição

Texto inédito, 1993

A questão de governabilidade dos sistemas políticos, tema permanente e recorrente na reflexão política, adquiriu novo interesse sobretudo a partir dos anos 70. A crise econômica mundial desde o final dos anos 60 favoreceu a retomada dos estudos a respeito. Assim, em 1975, era publicado o relatório *A Crise da Democracia* de iniciativa da conhecida Comissão Trilateral, criada em 1973. Os recentes acontecimentos no leste europeu, onde regimes políticos aparentemente estáveis e mesmo estacionários revelaram toda sua fragilidade, deram nova atualidade ao tema.

Distintas foram as tentativas de explicação da crise de governabilidade das democracias contemporâneas. *Para alguns*, tratava-se de uma crise do Estado Social, isto é, de uma crise de pacto social-democrata estabelecido entre capitalistas e trabalhadores em uma fase de expansão da economia capitalista, desde o início dos anos 40 até o final dos anos 60. Crise de sobrecarga do Estado ou crise fiscal do Estado, Estado este que deveria fazer face a demandas sociais cada vez mais crescentes, incompatíveis com recursos econômicos cada vez mais escassos, resultando mesmo em uma crise do consenso dos cidadãos ou em uma crise de legitimidade do sistema. De acordo com o parâmetro de referência, por um lado, propunha-se, entre outras coisas, uma política de redução das atividades do Estado na direção de um Estado Mínimo em contraste com o anterior Estado Social, conforme o receituário neoliberal; por outro lado, diagnosticava-se a necessidade de superação do sistema que não mais respondia às necessidades sociais. *Para outros*, tratava-se de uma crise de excesso de democracia, gerada pelo crescimento contínuo da participação política, provocando um desequilíbrio democrático. Nesta perspectiva, dever-se-ia portanto limitar a ampliação indefinida da participação política, entendendo-se ao mesmo tempo que a democracia seria compatível com um certo grau de marginalização política.

Ao referirmo-nos à possibilidade ou à eventualidade de uma crise de governabilidade em sociedades que, como a nossa, transitaram recentemente do autoritarismo para a democracia, devemos sobretudo atentar, em que pese os traços comuns porventura existentes, para os elementos que particularizam o fenômeno nestas sociedades em contraste com as sociedades desenvolvidas. Caberia antes de tudo distinguir entre as duas transições, como fizeram os cientistas sociais: a primeira, de um sistema autoritário para um governo democrático, aqui entendido como aquele originado de eleições relativamente livres e de uma disputa relativamente aberta; a segunda, de um governo democrático para um sistema democrático, traduzindo-se na *institucionalização* mínima do jogo democrático. Neste particular, se alguns puderam falar em crise de governabilidade nas sociedades desenvolvidas como uma crise de excesso de democracia, nesta outra hipótese tratar-se-ia antes de uma crise de insuficiência de democracia face aos desafios da segunda transição. Institucionalização ainda precária e limitada do jogo democrático, comprometida em grande parte pela herança do passado. Neste contexto, assume relevância a questão constitucional.

Toda Constituição como estatuto do poder ou como estatuto jurídico do político assinala-se por ser fator decisivo nesta institucionalização. Nossa nova Constituição, contestada por muitos, não gerou suficientemente ainda o que os juristas caracterizam como "vontade de Constituição" (Konrad Hesse) ou como "sentimento constitucional" (Karl Loewenstein), tolhendo sua força normativa. Com isto, enseja-se muitas vezes, tanto por ação do Executivo, como por omissão ou mesmo por abdicação do Legislativo, a reiteração de práticas institucionais que ela procurou superar.

16

Processo legislativo[9]

Texto publicado in *Expressão Jurídica*, Editora Espaço. Santo Ângelo, a. 1, nº 4, 1996, revisto em 1997.

16.1. Leis ordinárias

Observações Gerais

Ato legislativo primário, estabelecendo em regra normas gerais e abstratas.

Em regra, a lei ordinária juridiciza, regulamenta qualquer matéria: princípio da ilimitação ou da universalidade do objeto de incidência da lei ordinária.

Entretanto, há matérias que são excluídas da incidência da lei ordinária. São elas: as matérias de reserva das leis complementares, de reserva dos decretos legislativos (art. 49, fundamentalmente) e de reserva das resoluções (arts. 51 e 52, fundamentalmente).

A matéria de incidência da lei ordinária é ilimitada, mas nem sempre exclusiva. Podem incidir sobre a mesma matéria as leis delegadas e as medidas provisórias, exceto no caso do art. 68, § 1º, I, II e III, em que a incidência

---

[9] Trata-se aqui de esquema extremamente sumário sobre o processo legislativo, sem a preocupação de examinar detalhes e nuanças ou de aprofundar tópicos e, por isto mesmo, sem remissão à bibliografia especializada. As referências são aos artigos da Constituição.

destas é afastada, o que torna a matéria de incidência exclusiva da lei ordinária.

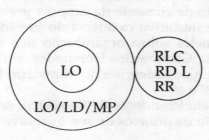

Iniciativa

Compartilhada pelo Legislativo e pelo Executivo: art. 61, *caput*.

Popular.: art. 61, *caput* e § 2º.

Exclusiva do Executivo: arts. 61, § 1º, 84, XXIII, e 165, *caput*.

Exclusiva do Judiciário: arts. 61, *caput*, 93, *caput* (lei complementar), e 96, II.

Facultada ao Ministério Público: arts. 61, *caput*, 127, § 2º, e 128, § 5º (lei complementar), compartilhada com o Executivo: art. 61, § 1º, II, d), com exclusão do Legislativo.

Discussão e Votação

Câmara Iniciadora : Indistintamente, Câmara dos Deputados ou Senado Federal.

A Câmara dos Deputados é necessariamente Câmara Iniciadora nas hipóteses de projetos de lei de iniciativa do Executivo e do Judiciário (art. 64, *caput*) e, por extensão, pode-se acrescentar, do Ministério Público, e nos casos de projetos de lei de iniciativa popular (art. 61, § 2º). A Casa que não for Câmara Iniciadora será Câmara Revisora.

Comissões: permanentes, temporárias, parlamentares de inquérito ou representativa do Congresso Nacional, podendo as permanentes ter o poder de deliberarem definitivamente sobre projeto de lei: art. 58, § 2º, I.

Não-admissão de aumento da despesa prevista nos projetos de lei de iniciativa exclusiva do Presidente da República e naqueles sobre organização dos serviços administrativos da Câmara dos Deputados, do Senado Federal, dos Tribunais Federais e do Ministério Público: arts. 63 e 166, §§ 3º e 4º.

Solicitação pelo Presidente da República de urgência para apreciação de projetos de sua iniciativa: art. 64, §§ 1º e ss.

Quorum de presença, para deliberação ou para votação: *maioria absoluta dos membros*; *quorum* para aprovação: *maioria simples dos presentes* (art. 47). Exceções à regra geral do art. 47 existentes na Constituição (*quorum* qualificado):

- art. 51, I : autorização pela Câmara dos Deputados para a instauração de processo contra o Presidente e o Vice-Presidente da República e os Ministros de Estado nos crimes de responsabilidade (*impeachment*) e nos crimes comuns *(dois terços dos membros)*;

- art. 52, I e parágrafo único: condenação pelo Senado Federal do Presidente e do Vice-Presidente da República nos crimes de responsabilidade (*impeachment*) e dos Ministros de Estado nos crimes da mesma natureza conexos com aqueles *(dois terços dos membros)*;

- art. 52, II e parágrafo único: condenação pelo Senado Federal dos Ministros do STF, do Procurador-Geral da República e do Advogado-Geral da União nos crimes de responsabilidade (*impeachment*) *(dois terços dos membros)*;

- arts. 52, XI (v. art. 128, § 2º): aprovação pelo Senado Federal da exoneração, de ofício, do Procurador-Geral da República antes do término do seu mandato *(maioria absoluta dos membros)*;

- art. 53, § 3º: resolução sobre a prisão e autorização para a formação de culpa pela Casa respectiva no caso de flagrante de crime inafiançável com relação a Deputados ou a Senadores *(maioria absoluta dos membros)*;

- art. 53, § 7º: decisão pela Casa respectiva sobre suspensão das imunidades parlamentares de Deputados e de Senadores durante o estado de sítio *(dois terços dos membros)*;

- art. 55, I, II e VI e § 2º: decisão pela Casa respectiva sobre perda do mandato de Deputado ou de Senador *(maioria absoluta dos membros)*;

- art. 60, § 2º: aprovação por cada uma das Casas do Congresso Nacional de proposta de emenda à Constituição *(três quintos dos membros)*;

- art. 66, § 4º: rejeição por cada uma das Casas do Congresso Nacional de veto do Presidente da República a projeto de lei aprovado pelo Congresso Nacional *(maioria absoluta dos membros)*;

- art. 69: aprovação por cada uma das Casas do Congresso Nacional de projeto de lei complementar *(maioria absoluta dos membros)*;

- arts. 101, parágrafo único, e 52, III, a): aprovação pelo Senado Federal da escolha pelo Presidente da República de Ministros do STF *(maioria absoluta dos membros)*;

- arts. 128, § 1º, e 52, III, e): aprovação pelo Senado Federal da escolha pelo Presidente da República do Procurador-Geral da República *(maioria absoluta dos membros)*;

- art. 128, § 2º (v. art. 52, XI): autorização pelo Senado Federal para a destituição do Procurador-Geral da República, por iniciativa do Presidente da República *(maioria absoluta dos membros)*;

- art. 128, § 4º: autorização pelo Poder Legislativo para a destituição dos Procuradores-Gerais nos Estados e no Distrito Federal e Territórios *(maioria absoluta dos membros)*;

- art. 136, § 4º: aprovação pelo Congresso Nacional da decretação pelo Presidente da República do estado de defesa ou de sua prorrogação *(maioria absoluta dos membros)*;

- art. 137, parágrafo único: autorização pelo Congresso Nacional para a decretação pelo Presidente da República do estado de sítio ou de sua prorrogação *(maioria absoluta dos membros)*;

- art. 155, § 2º, IV: com relação à competência de os Estados e de o Distrito Federal instituírem impostos sobre operações relativas à circulação de mercadorias e sobre prestações de serviços de transporte interestadual e intermunicipal e de comunicação, ainda que as operações e as prestações se iniciem no exterior, estabelecimento pelo Senado Federal das alíquotas aplicáveis às operações e prestações, interestaduais e de exportação *(maioria absoluta dos membros)*;

- art. 155, § 2º, V, *a*): com relação à competência de os Estados e de o Distrito Federal instituírem impostos sobre operações relativas à circulação de mercadorias e sobre prestações de serviços de transporte interestadual e intermunicipal e de comunicação, ainda que as operações e as prestações se iniciem no exterior, faculdade de estabelecimento pelo Senado Federal de alíquotas mínimas nas operações internas *(maioria absoluta dos membros)*;

- art. 155, § 2º, V, *b*): com relação à competência de os Estados e de o Distrito Federal instituírem impostos sobre operações relativas à circulação de mercadorias e sobre prestações de serviços de transporte interestadual e intermunicipal e de comunicação, ainda que as operações e as prestações se iniciem no exterior, faculdade de fixação pelo Senado Federal de alíquotas máximas nas operações internas para resolver conflito específico que envolva interesse de Estados *(dois terços dos membros)*;

- art. 167, III: aprovação pelo Poder Legislativo de créditos suplementares ou especiais com finalidade precisa, mediante os quais são autorizadas operações de

créditos que excedam o montante das despesas de capital *(maioria absoluta dos membros)*;
- art. 223, § 2º: aprovação pelo Congresso Nacional da não-renovação da concessão ou permissão para o serviço de radiodifusão sonora e de sons e imagens *(dois quintos dos membros)*;
- ADCT, art. 3º: aprovação pelo Congresso Nacional da revisão constitucional *(maioria absoluta dos membros)*.

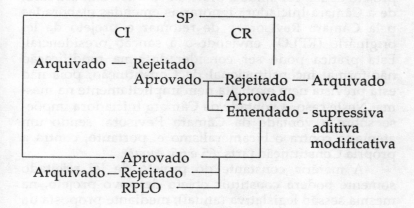

Estando o projeto de lei em discussão e votação, há duas hipóteses: ou a Câmara Iniciadora rejeita-o ou aprova-o. Se a Câmara Iniciadora rejeitá-lo, ele é arquivado. Se aprová-lo, ele é enviado à Câmara Revisora, onde há três alternativas: a) se a Câmara Revisora rejeitar o projeto de lei aprovado pela Câmara Iniciadora, este é arquivado; b) se a Câmara Revisora também aprovar o projeto de lei aprovado pela Câmara Iniciadora, este é enviado à sanção presidencial; c) é possível ainda que a Câmara Revisora proponha emendas (supressivas, aditivas ou modificativas) ao projeto de lei aprovado pela Câmara Iniciadora, mas para isso deve haver a conjugação das vontades das duas Câmaras:

Iniciadora e Revisora. Assim, quando há emendas da Câmara Revisora, o projeto de lei retorna à Câmara Iniciadora. Se esta aprova as emendas da Câmara Revisora, o projeto de lei é enviado à sanção presidencial. O projeto de lei é arquivado se forem rejeitadas as emendas da Câmara Revisora pela Câmara Iniciadora, havendo porém a possibilidade de ele ir à sanção presidencial na parte em que houve consenso entre as duas Câmaras, desde que não fique prejudicada a integralidade do projeto de lei. Há ainda a prática eventual, embora rara, de a Câmara Iniciadora ignorar as emendas elaboradas pela Câmara Revisora e de retomar o projeto de lei originário (RPLO), enviando-o à sanção presidencial. Esta prática pode ser considerada uma modificação não-formal inconstitucional da Constituição, pois não está prevista nem explícita nem implicitamente na mesma. Neste caso, a vontade da Câmara Iniciadora impõe-se sobre a vontade da Câmara Revisora, sendo um atentado contra o bicameralismo e, portanto, contra a própria Constituição (arts. 65 e 66, *caput*).

A matéria constante do projeto de lei rejeitado somente poderá constituir objeto de novo projeto, na mesma sessão legislativa (anual), mediante proposta da maioria absoluta dos membros de qualquer das Casas do Congresso Nacional (art. 67).

Sanção

É um ato integrativo da substância da própria lei, tornando-a perfeita do ponto de vista substancial, conjugando finalmente as vontades do Legislativo e do Executivo, necessárias à formação da lei.

Compete ao Presidente da República (art. 66, *caput*). Entretanto, a ausência de sanção, o veto, pode ser suprida pelo Congresso Nacional através da rejeição do veto.

O Presidente da República poderá vetar, total ou parcialmente, o projeto de lei, no prazo de quinze dias úteis, contados da data do seu recebimento. Ele deverá motivar o veto (consideração de inconstitucionalidade ou de contrariedade ao interesse público), porém, os motivos do veto não precisam ser comunicados simultaneamente ao próprio veto, mas dentro de quarenta e oito horas ao Presidente do Senado Federal (art. 66, § 1º). Os motivos do veto não são passíveis de controle judicial de sua constitucionalidade, pois não se pode controlar uma mera consideração do Presidente da República que não se baseia necessariamente em realidade de inconstitucionalidade ou de contrariedade ao interesse público.

O veto traduz um controle preventivo de constitucionalidade das leis feito por órgão político, no caso, o Executivo.

O veto parcial deverá abranger texto integral de artigo, de parágrafo, de inciso ou de alínea, isto é, uma totalidade de idéias (art. 66, § 2º).

Sanção tácita: decorrido o prazo de quinze dias úteis, o silêncio do Presidente da República importará sanção (art. 66, § 3º).

O veto será apreciado em sessão conjunta, mas bicameral, do Congresso Nacional, podendo ser rejeitado através de *quorum* qualificado: maioria absoluta dos membros de cada uma de suas Casas (art. 66, § 4º).

Promulgação

É um ato constitutivo da lei, tornando-a perfeita do ponto de vista formal, fazendo com que a lei passe a existir. Parte ponderável da doutrina entende, porém, que a lei já existe desde a sanção ou desde a rejeição do veto. A este propósito, observamos um imprecisão ou uma aparente contradição na Constituição: enquanto o § 7º do art. 66 refere-se à lei em vez de a projeto de lei antes da promulgação, o § 5º do mesmo artigo refere-se a apenas projeto de lei. A promulgação torna a lei válida, executória e potencialmente obrigatória.

Compete, em princípio, ao Presidente da República (art. 66, § 5º). Entretanto, se a lei não for promulgada dentro de quarenta e oito horas pelo Presidente da República, nos casos de sanção tácita ou de rejeição do veto, o Presidente do Senado a promulgará, e, se este não o fizer em igual prazo, caberá ao Vice-Presidente do Senado fazê-lo (art. 66, § 7º).

Publicação
É um ato que leva ao conhecimento público a existência da lei, tornando-a exigível e efetivamente obrigatória, eficaz em última análise.

Compete à autoridade que promulga a lei fazê-la publicar, já que a publicação é a comunicação da promulgação da lei. A rigor, faz-se publicar a promulgação com o texto promulgado.

Vigência
Não é regida por nenhuma norma constitucional, e sim pela LICC.

Nem sempre coincide com a publicação. Se a lei nada dispuser em contrário, sua vigência em todo o país inicia quarenta e cinco dias depois de oficialmente publicada, mas a lei pode ter protraída e, em alguns casos até retrotraída, sua vigência.

16.2. Emendas à Constituição

Observações Gerais
Norma constitucional derivada.

Dizem respeito ao exercício do Poder Constituinte Derivado.

Há limitações quanto a certas circunstâncias (art. 60, § 1º), quanto ao objeto ou materiais (art. 60, § 4º) e quanto ao procedimento de elaboração ou processuais. As limitações quanto ao objeto ou materiais podem ser implícitas, referentes ao "núcleo jurídico-político fundamental" da Constituição, ou explícitas, as chamadas "cláusulas pétreas". Até a Constituição de 1988, compunham as "cláusulas pétreas" apenas a forma de estado e a forma de governo; na Constituição de 1988, a forma de governo foi excluída, incluindo-se então novos e importantes tópicos. Com relação ainda às "cláusulas pétreas", dificilmente pode-se admitir o procedimento da chamada "dupla revisão" ou procedimento "superdificultado" face à locução do dispositivo constitucional: "Não será objeto de deliberação a proposta de emenda *tendente a abolir* ...", a primeira emenda por si só sendo *tendente a abolir* ... . De qualquer forma, são possíveis emendas à Constituição nas matérias elencadas no § 4º do art. 60, desde que não sejam *tendentes a abolir* ... . As limitações processuais dizem respeito à iniciativa e à discussão e votação, sobretudo ao *quorum* de aprovação.

Iniciativa

Um terço, no mínimo, dos membros da Câmara dos Deputados ou do Senado Federal.

Presidente da República.

Mais da metade das Assembléias Legislativas das unidades da Federação, manifestando-se, cada uma delas, pela maioria relativa de seus membros (art. 60, *caput*, I, II e III.).

Discussão e Votação

A proposta de emenda à Constituição é discutida e votada em cada Casa do Congresso Nacional, em dois turnos, considerando-se aprovada se obtiver, em ambos, três quintos dos votos dos respectivos membros (art. 60, § 2º).

A matéria constante de proposta de emenda à Constituição rejeitada ou havida por prejudicada não poderá ser objeto de nova proposta na mesma sessão legislativa (anual) (art. 60, § 5º; comparar com art. 67).

Sanção

Não há sanção de proposta de emenda à Constituição.

Promulgação
A promulgação da emenda à Constituição cabe às Mesas da Câmara dos Deputados e do Senado Federal (art. 60, § 3º).

Publicação
Ver Leis Ordinárias.

Vigência
Imediata, em decorrência do princípio da imediata incidência das normas constitucionais. Entretanto, a Constituição pode, por dispositivo expresso, protrair e, num certo sentido, até retrotrair sua vigência. Assim, não há direito adquirido contra a Constituição. Questão controversa diz respeito a se não há direito adquirido contra norma constitucional tanto originária como derivada ou, o que parece mais plausível, sobretudo quando o direito adquirido é resultante de norma constitucional originária, apenas contra norma constitucional originária.

16.3. Leis Complementares

Observações Gerais
Lei complementar em sentido genérico, ou seja, toda norma infraconstitucional que regulamente dispositivo constitucional ou integradora da vontade constitucional, e lei complementar em sentido formal, ou seja, apenas aquela expressamente qualificada como tal pela Constituição, o que remete à idéia de reserva da lei complementar e à exigência de *quorum* qualificado para aprovação.

Ato legislativo primário, estabelecendo em regra normas gerais e abstratas.

Pode-se falar em reserva da lei complementar (reserva de matérias que são objeto de incidência da lei complementar). Para a doutrina predominante, a enumeração das matérias que são objeto de incidência da lei complementar existente na Constituição é exaustiva, mas há doutrina minoritária que entende ser esta exemplificativa.

Iniciativa
Ver Leis Ordinárias.

Discussão e Votação
Ver Leis Ordinárias, com exceção do *quorum* qualificado para aprovação que deverá ser de maioria absoluta dos membros de cada uma das Casas do Congresso Nacional (art. 69).

Sanção
Ver Leis Ordinárias.

Promulgação
Ver Leis Ordinárias.

Publicação
Ver Leis Ordinárias.

Vigência
Ver Leis Ordinárias.

16.4. Leis Delegadas

Observações Gerais
Ato legislativo primário, estabelecendo em regra normas gerais e abstratas, embora dependentes de autorização prévia (delegação legislativa) do Congresso Nacional.

São editadas pelo Presidente da República: as leis delegadas serão elaboradas pelo Presidente da República, que deverá solicitar a delegação ao Congresso Nacional (art. 68, *caput*).

* Em regra, incidem sobre as mesmas matérias de incidência da lei ordinária, salvo as matérias de exclusividade de incidência da lei ordinária (art. 68, § 1º). Excluem-se, portanto, do âmbito de incidência das leis delegadas as matérias de reserva das leis complementares, de reserva dos decretos legislativos e de reserva das resoluções.

Iniciativa
O Presidente da República solicita a delegação ao Congresso Nacional para elaborar lei delegada (art. 68, *caput*).

Discussão e Votação
A delegação legislativa terá forma de resolução do Congresso Nacional, tendo especificado seu conteúdo e os termos de seu exercício (art. 68, § 2º).

Não pode haver delegação legislativa genérica: a resolução deve indicar a matéria da lei delegada e fixar parâmetros mínimos (*standards*) para sua elaboração. Se não forem fixados esses parâmetros mínimos, pode-se concluir pela inconstitucionalidade formal da resolução, que contaminaria igualmente de inconstitucionalidade formal a lei delegada dela resultante.

Outra hipótese de inconstitucionalidade formal da lei delegada seria o Executivo exorbitar dos limites da delegação legislativa, a lei delegada regulando mais do que a resolução prevê ou autoriza regular. Neste caso, o Congresso Nacional pode sustar a lei delegada através de decreto legislativo, cabendo, então, ao Executivo eventualmente recorrer ao Judiciário para argüir a inconstitucionalidade formal do decreto legislativo que sustou a lei delegada (art. 49, V).

A doutrina tem predominantemente entendido que, durante o prazo da delegação legislativa, o Presidente da República pode editar mais de uma lei delegada dispondo sobre a mesma matéria; que, da mesma forma, durante o prazo da delegação legislativa, o Legislativo pode aprovar projeto de lei ordinária dispondo sobre a mesma matéria, e, finalmente, que o Legislativo pode retirar a delegação legislativa antes de terminado o prazo concedido para seu exercício.

Possibilidade da apreciação pelo Congresso Nacional (art. 68, § 3º).

Sanção e Promulgação

O Presidente da República edita e promulga a lei delegada. Parte da doutrina entende, porém, que não há promulgação da lei delegada.

Publicação

Ver Leis Ordinárias.

Vigência

Ver Leis Ordinárias.

16.5. Medidas Provisórias

Observações Gerais

Ato legislativo primário, estabelecendo, em regra, normas gerais e abstratas, embora sujeitas à apreciação posterior (conversão em lei) do Congresso Nacional.

São editadas pelo Presidente da República: em caso de relevância e urgência, o Presidente da República poderá adotar medidas provisórias, com força de lei (art. 62, *caput*).

Em regra, incidem sobre as mesmas matérias de incidência da lei ordinária, salvo, por analogia com as leis delegadas, as matérias de exclusividade de incidência da lei ordinária (art. 68, § 1º). Excluem-se, portanto, do âmbito de incidência das medidas provisórias as matérias de reserva das leis complementares, de reserva dos decretos legislativos e de reserva das resoluções. Da mesma forma, com relação a projetos de código, a matéria penal e, ao menos parcialmente, a matéria tributária.

A falta de uma das condições de admissibilidade da medidas provisórias, caso - realidade, e não simples impressão como no veto a projeto de lei -, de relevância e urgência, ensejaria argüição da sua constitucionalidade, embora não haja jurisprudência firmada a respeito.

As medidas provisórias não revogam lei ordinária nem lei delegada anteriores com elas incompatíveis, apenas suspendem sua execução.

Iniciativa

Em caso de relevância e urgência, o Presidente da República poderá adotar medidas provisórias, com força de lei (art. 62, *caput*).

Discussão e Votação

Devem ser submetidas de imediato ao Congresso Nacional, que, estando em recesso, será convocado extraordinariamente para se reunir no prazo de cinco dias (art. 62, *caput*).

Devem ser convertidas em lei no prazo de trinta dias, a partir de sua publicação (art. 62, parágrafo único).

Quando o Congresso Nacional não delibera, no prazo de trinta dias, a partir de sua publicação, a prática tem sido a da reedição, muitas vezes reiterada, das medidas provisórias, não permitida de qualquer maneira no caso de uma deliberação do Congresso Nacional no sentido da não-conversão em lei das medidas provisórias (rejeição). Essa prática parece inconstitucional porque a falta de deliberação do Congresso Nacional indicaria, pelo menos, a ausência, na percepção do Congresso Nacional, de uma das condições de admissibilidade das medidas provisórias: a urgência. Além disso, a falta de deliberação do Congresso Nacional traduziria também uma rejeição tácita, com a possibilidade de aplicar-se analogicamente o art. 67.

Sanção
Por suscetíveis de alteração pelo Congresso Nacional, são submetidas à sanção quando convertidas em lei.

Promulgação
Ver Leis Ordinárias, quando convertidas em lei.

Publicação
Ver Leis ordinárias, quando convertidas em lei.

Vigência
Vigência imediata.

Perderão eficácia, desde a edição, se não forem convertidas em lei no prazo de trinta dias, a partir de sua publicação, devendo o Congresso Nacional disciplinar as relações jurídicas delas decorrentes (art. 62, parágrafo único). Esta disciplinação das relações jurídicas delas decorrentes, quando não convertidas em lei, dá-se através de decreto legislativo, embora a maior parte da doutrina entenda que deva dar-se através de lei.

16.6. Decretos legislativos

Observações Gerais
Ato legislativo primário, estabelecendo em regra normas individuais e concretas.

Dizem respeito ao exercício das competências exclusivas do Congresso Nacional (art. 49, fundamentalmente). Têm natureza político-administrativa de fiscalização do Executivo ou de auto-organização do Legislativo.

Pode-se falar em reserva do decreto legislativo: reserva de matérias que são objeto de incidência do decreto legislativo.
Projeto de lei aprovado pelo Congresso Nacional transforma-se em decreto legislativo.

Iniciativa
Iniciativa do Congresso Nacional.

Discussão e Votação
Ver Leis Ordinárias, havendo em alguns casos a exigência de *quorum* qualificado para aprovação.

Sanção
Não há sanção de decretos legislativos, por força do art. 48, *caput*.

Promulgação
Ato do Congresso Nacional.

Publicação
Ver Leis Ordinárias.

Vigência
Ver Leis Ordinárias.

16.7. Resoluções

Observações Gerais
Ato legislativo primário, estabelecendo em regra normas individuais e concretas.

Dizem respeito ao exercício das competências privativas da Câmara dos Deputados (art. 51, fundamentalmente), ou do Senado Federal (art. 52, fundamentalmente), eventualmente, ao exercício das competências exclusivas do Congresso Nacional (art. 68, § 2º, por exemplo). Têm natureza político-administrativa de fiscalização do Executivo ou de auto-organização do Legislativo.

Pode-se falar em reserva da resolução: reserva de matérias que são objeto de incidência da resolução.

Iniciativa

Iniciativa da Câmara dos Deputados, quando se tratar de resolução da Câmara dos Deputados, do Senado Federal, quando se tratar de resolução do Senado Federal, havendo, em alguns casos, a exigência de iniciativa qualificada (art. 155, § 2º, IV e V, *a*) e *b*)), ou, eventualmente, do Congresso Nacional, quando se tratar de resolução do Congresso Nacional, e, excepcionalmente, compartilhada com o Executivo (art. 155, § 2º, IV, com respeito a resolução do Senado Federal).

Discussão e Votação

Ver Leis Ordinárias, a deliberação sendo no âmbito da Câmara dos Deputados, quando se tratar de resolução da Câmara dos Deputados, do Senado Federal, quando se tratar de resolução do Senado Federal ou, eventualmente, do Congresso Nacional, quando se tratar de resolução do Congresso Nacional, havendo ainda, em alguns casos, a exigência de *quorum* qualificado para aprovação (art. 155, § 2º, IV e V, *a*) e *b*), por exemplo, com respeito a resoluções do Senado Federal).

Sanção

Não há sanção de resoluções, por força do art. 48, *caput*.

Promulgação

Ato da Câmara dos Deputados, quando se tratar de resolução da Câmara dos Deputados, do Senado Federal, quando se tratar de resolução do Senado Federal, ou, eventualmente, do Congresso Nacional, quando se tratar de resolução do Congresso Nacional.

Publicação

Ver Leis Ordinárias.

Vigência

Ver Leis Ordinárias.

17

Ação declaratória de constitucionalidade

Texto publicado *in Jornal da AJURIS*, Associação dos Juízes do Rio Grande do Sul, Porto Alegre, a. 9, nº 47, Edição Especial, janeiro de 1996.

A ação declaratória de constitucionalidade foi uma criação da emenda à Constituição nº 3 de 1993, que dizia fundamentalmente respeito a matéria tributária.

Enquanto a ação direta de inconstitucionalidade, seja por ação, seja por omissão, serve primordialmente para garantir a supremacia formal da Constituição e, neste sentido, principalmente para defender a Constituição, a ação declaratória de constitucionalidade presta-se sobretudo a defender o Governo. Isto já se torna patente pela redução da legitimidade para propor a ação declaratória de constitucionalidade, limitada, nos termos do § 4º do artigo 103 da Constituição, acrescentado pela emenda à Constituição referida, ao Presidente da República, à Mesa do Senado Federal, à Mesa da Câmara dos Deputados e ao Procurador-Geral da República, excluindo-se dela as demais cinco possibilidades previstas no *caput* do mesmo artigo com relação à legitimidade para propor a ação direta de inconstitucionalidade.

A ação declaratória de constitucionalidade lembra a famigerada "avocatória", produto da emenda à Constituição nº 7 de 1977 (o "pacote de abril") do Governo militar, podendo vir a transformar-se em procedimento expeditivo - em sede de declaração de constitucionalidade, e não de declaração de inconstitucionalidade, o que é bastante diverso - para fazer frente a decisões de primeira instância e mesmo de tribunais desfavoráveis ao Executivo.

A ação declaratória de constitucionalidade oferece graves problemas técnicos ou jurídico-formais.

Em primeiro lugar, trata-se de instituto que parece atingir o princípio da presunção de constitucionalidade de toda e qualquer norma, em nome da segurança e da estabilidade das relações reguladas pelo direito. Inverte-se a equação: ao invés da presunção de constitucionalidade, a suspeita de inconstitucionalidade, daí a necessidade da previsão de uma ação declaratória de constitucionalidade.

Por outro lado, as normas infraconstitucionais por este meio declaradas constitucionais passariam a constituir dentro da ordem jurídica um segmento de normas com um *status* praticamente paraconstitucional. Adquiririam uma estabilidade e segurança jurídicas superiores às das demais normas infraconstitucionais, num certo sentido uma estabilidade e segurança jurídicas assemelhadas às das próprias normas constitucionais. Dificilmente, poderiam elas ser objeto posterior de argüição de constitucionalidade, já que previamente declaradas constitucionais por nossa mais alta Corte. Estabilidade e segurança essas superiores mesmo às das emendas à Constituição, sempre passíveis de controle judicial de sua constitucionalidade.

Em última análise, a ação declaratória de constitucionalidade traduzir-se-ia numa transferência - inconstitucional, diga-se de passagem - de poder constituinte ao STF.

Cabe reconhecer, em respeito à verdade, que os fautores da ação declaratória de constitucionalidade admitem excepcionalmente sindicância judicial da constitucionalidade de normas infraconstitucionais declaradas constitucionais, isto é, desde que haja uma alteração substancial da situação fática ou uma mudança significativa da exegese normativa, hipóteses essas entretanto raras.

Assim, a ordem jurídica poderá eventualmente constituir-se também de normas infraconstitucionais efetivamente inconstitucionais, mas consideradas válidas e eficazes por terem sido equivocadamente declaradas constitucionais através de um procedimento expeditivo como se disse acima, carente de maior maturação da experiência e da reflexão jurídicas, sem que se possa ulteriormente, salvo nas hipóteses referidas, questionar judicialmente sua constitucionalidade.

Além de atingir a soberania do poder constituinte, a ação declaratória de constitucionalidade poderá igualmente atentar contra a autonomia do Poder Legislativo ordinário. Uma norma infraconstitucional declarada, mesmo equivocadamente, constitucional - através de procedimento expeditivo, insista-se - dificilmente poderá ser revogada, salvo se por substituição. Norma infraconstitucional posterior incompatível com norma infraconstitucional anterior declarada constitucional incidiria provavelmente em inconstitucionalidade. Ficaria, assim, o Poder Legislativo ordinário tolhido em sua vontade, limitado em sua capacidade de legislar.

Essas, algumas das razões que nos levam a condenar a ação declaratória de constitucionalidade recentemente introduzida em nosso ordenamento constitucional.

18

Capitalismo e crises

Texto publicado *in Diário do Sul*, Porto Alegre, 07/09/1987

Na teoria econômica tradicional não existe na realidade uma verdadeira teoria das crises: a crise é principalmente percebida como resultado de fatores estranhos à lógica do próprio sistema capitalista (a crise do petróleo como origem da crise econômica, por exemplo), alterando sua racionalidade e interrompendo um processo natural de expansão contínua. Segundo esta concepção, o sistema não se encontraria abalado pela crise, mas, ao contrário, demonstraria suas virtualidades e potencialidades pela própria superação da crise.

As crises econômicas do modo de produção capitalista caracterizam-se como uma das fases do ciclo da reprodução capitalista, o que significa afirmar o caráter cíclico da reprodução capitalista. Neste sentido, as crises econômicas são sempre soluções violentas e momentâneas das contradições do capitalismo, restabelecendo provisoriamente o equilíbrio rompido. Elas demonstram a irracionalidade e os limites deste sistema social, a alternativa conservadora para a solução das crises implicando sempre um alto custo social (recessão, inflação, descapitalização, monopolização, desemprego, queda do poder aquisitivo, miséria, marginalidade etc.).

As crises e o ciclo econômico do sistema capitalista estão ligados a uma renovação periódica do capital fixo (grosso modo, os instrumentos de produção). Em certos casos, esta renovação do capital fixo dá-se num novo patamar tecnológico. Costuma-se assim distinguir entre o ciclo econômico propriamente dito, ou ciclo Juglar, e o ciclo longo ou movimentos de longa duração Kondratieff. A título de ilustração, a crise econômica do sistema capitalista mundial, a partir do final dos anos 60, ocorrida no contexto de internacionalização da produção e de intervencionismo estatal e primeiro sob a forma de uma crise monetária, teria inicialmente feito coincidir, segundo algumas análises, uma onda longa a crescimento lento (ciclo Kondratieff) com uma fase recessiva do ciclo econômico (ciclo Juglar), atestando sua profundidade. Por outro lado, a superação das crises geralmente pressupõem taxas de lucro elevadas e mercado em expansão, condições nem sempre fáceis de serem simultaneamente alcançadas.

No que se refere especificamente aos países dependentes, o que nos interessa mais de perto e onde a crise não foi ainda de todo superada, observamos que, à harmonia relativa obtida no centro do sistema capitalista mundial, corresponde uma desarmonia crescente projetada na sua periferia. O atual endividamento externo dos países dependentes que assume proporções gigantescas, comprometendo mesmo seu desenvolvimento, representa apenas um aspecto disto. Assim, face à internacionalização da economia capitalista e sem desconhecer ou subestimar a importância dos fatores endógenos, pode-se até um certo ponto falar numa exportação da crise para os países dependentes que suportam suas principais conseqüências e a quem cabe em grande parte financiar a retomada da expansão capitalista num novo patamar tecnológico.

A política econômica neoliberal ou monetarista significa inegavelmente uma alternativa antipopular para a solução da crise. Neste sentido, importa a luta em defesa das conquistas da fase anterior de expansão capitalista (basicamente, o denominado *Welfare State*), conquistas estas ameaçadas pela nova política. Afinal, o Estado social foi também resultado da luta da classe trabalhadora por novos espaços democráticos na prática da democracia liberal. Hoje, a política do bem-estar social encontra-se em grande parte comprometida pela diminuição da presença do Estado nas áreas sociais, pela proposta de rentabilização de certos serviços públicos tradicionalmente deficitários e, por isto mesmo, sociais, entre outros aspectos. Entretanto, não basta apenas a defesa do retorno à situação anterior à crise, a volta, por exemplo, à política econômica keynesiana, mas se torna necessária uma proposta de modificações qualitativas das estruturas do sistema, cujos efeitos perversos foram deixados à mostra pela crise. Num certo sentido, tratar-se-ia de obter o predomínio da política sobre a economia.

A crise econômica não implica necessariamente uma crise política, menos ainda uma crise política que coloque em questão o sistema. Em outros termos, a possibilidade ou a eventualidade de uma alternativa popular à solução da crise remete-nos à problemática do papel da luta política no processo histórico, tanto o catastrofismo econômico como sua contrapartida o triunfalismo político sendo equivocados. Isto que com razão pode afigurar-se óbvio para muitos, parece ter sido desconhecido na teoria e na prática do movimento socialista internacional quando da crise de 1929, com graves conseqüências para a classe trabalhadora.

O sistema capitalista ao mesmo tempo em que engendra contradições existe e funciona com elas. Assim, a análise econômica pode apresentar duas variantes opostas: por um lado, absolutizando as contradições do sistema e minimizando a harmonia, conclui-se sumariamente por sua impossibilidade (a visão do catastrofismo econômico); por outro, absolutizando a harmonia do sistema e minimizando as contradições, afirma-se categoricamente sua perenidade. Economicistas na sua essência, estas duas variantes tendem a subestimar ou a escamotear o papel da luta política no processo histórico, reduzindo-a a um processo econômico de perfil mecanicista. As contradições do sistema não possuem caráter *resolutivo*, são antes o âmbito em que se desenvolve a luta política, devendo ser recuperada na análise a dimensão subjetiva do processo histórico. Por isto mesmo, a uma conjuntura de crise econômica pode corresponder, em que pese a exacerbação das contradições sociais, uma conjuntura de conservadorismo político. Em última análise, os desdobramentos políticos da crise econômica dependerão fundamental e primordialmente de fatores não direta e imediatamente redutíveis às flutuações da economia, embora estas tenham sua influência no processo: herança democrática (inexistência de uma autêntica revolução democrática como um dos elementos para explicar a emergência do fascismo, a partir dos anos 20, em países como a Alemanha e a Itália ou a recorrência ao autoritarismo em países do denominado "Terceiro Mundo", por exemplo); tradição de lutas sociais; grau de consciência e organização das classes trabalhadoras; capacidade de hegemonia das elites sobre a sociedade, entre outros. Isto talvez explique em grande parte a dificuldade, por parte das forças populares, de opor-se concretamente e, mais ainda, apresentar alternativas às medidas adotadas pelo conservadorismo.

19

Neoliberalismo x Estado social

Texto publicado *in Diário do Sul*, Porto Alegre, 21/06/1988

Desde os primórdios do capitalismo, o Estado exerceu um papel decisivo na reprodução do capital, inclusive intervindo diretamente no plano da produção, e não apenas no da circulação de mercadorias. No Brasil, em particular, a função do Estado como agente econômico tem sido bastante acentuada. Nosso padrão de desenvolvimento capitalista nunca prescindiu da intervenção vigorosa e incisiva do Estado. Alguns referem-se mesmo à figura *sui generis* de um "capitalismo sem capital", isto é, de um capitalismo gestado com recursos públicos. Aqui, com maior razão talvez, o Estado produziu num certo sentido os produtores. Neste contexto, cabe indagar-se sobre o significado do neoliberalismo econômico, emergente sobretudo a partir dos anos 70, numa conjuntura de crise econômica do sistema capitalista. Neoliberalismo este que funda na crítica ao Estado e na apologia do mercado livre seu programa de luta. Até que ponto a contrapartida necessária do neoliberalismo econômico não seria o conservadorismo político? Para tentar responder a estas e a outras questões, convém inicialmente examinar algumas das características do Estado contemporâneo.

Sob o impacto de profundas transformações nas esferas econômica, política e social, desde o final do século passado, a concepção tradicional do Estado, percebido antes de tudo pela idéia de autoridade, passa, pouco a pouco, a ser contestada. A noção de um Estado norteado pelo conceito de serviço público toma assim o lugar da imagem de um *Estado-poder de dominação* da doutrina jurídica alemã ou de um *Estado-soberania* da correspondente teoria jurídica francesa, Estado este que se definiria antes pela prestação de serviços do que por manifestações de autoridade. Por um lado, o Estado pretende não só coordenar e orientar, quando não direcionar, a atividade da iniciativa privada, como também se substituir, em certas áreas estratégicas, à própria iniciativa privada, de forma a controlar e a regular as flutuações da economia capitalista; por outro, o Estado procura intervir nas relações sociais, contrapondo às desigualdades de fato uma política social compensatória, com o objetivo de evitar ou abrandar tensões que pudessem eventualmente colocar em risco o sistema.

Ao Estado liberal anterior correspondiam princípios econômicos como o da liberdade da indústria e do comércio e o da igualdade de tratamento em matéria econômica, impedindo assim medidas discriminatórias ou seletivas por parte da administração com relação à atividade da iniciativa privada. Com a mudança da natureza do Estado, novos princípios econômicos surgem, refletidos em expressões como "planejamento econômico"; "estatizações"; "democracia econômica e social", em complemento à democracia política etc. Novos princípios econômicos estes que, sobretudo após a segunda guerra mundial, encontraram acolhida cada vez maior nas Constituições, recebendo então estatuto e garantia constitucionais. Estes novos princípios econômicos apresentam inspiração distinta daqueles clássicos. Em vez de significar uma limitação à ação do Estado, implicam uma maior intervenção do Estado.

O Estado Social, que resultou desta nova realidade, correspondeu em grande parte a um pacto social-democrata entre capitalistas e trabalhadores, numa fase de expansão da economia capitalista, desde o início dos anos 40 até o final dos anos 60. Face à crise econômica do sistema capitalista, a partir do final dos anos 60, inicialmente sob a modalidade de uma crise financeira, o Estado Social encontra-se igualmente em crise. Neste quadro, a política econômica neoliberal expressa também a tentativa de retroceder com relação às conquistas da fase anterior de expansão da economia capitalista.

Os neoliberais acreditam na superioridade da regulação pelo mercado, o intervencionismo estatal representando assim um fator de transtorno e de desajustamento da economia de mercado. Entretanto, esta apologia do mercado livre não seria uma maneira de mascarar uma investida do capital contra as conquistas históricas da classe trabalhadora, expressas no pacto social-democrata do Estado Social? Liberar a empresa não seria na realidade uma forma de liberar a empresa de suas funções sociais e de desarmar a classe trabalhadora frente a esta nova ofensiva do capital, regredindo a economia a uma fase já superada? Aliás, a proposta neoliberal não é incompatível com a defesa de uma política de subvenções e de transferência de recursos do Estado para o setor privado, o mercado livre funcionando apenas ou prioritariamente a nível das relações de trabalho. Face à crise econômica, ao invés de preconizar uma política econômica de crescimento em benefício da sociedade, ela sustenta uma política econômica de recessão e de austeridade em defesa do lucro. O mais grave parece ser o fato de esta maior liberdade econômica propugnada não se traduzir em uma ampliação das liberdades públicas. O neoliberalismo coaduna-se perfeitamente com um Estado forte e autoritário, significando, em última análise, uma subordinação da política do Estado aos interesses exclusivos da empresa privada.

Questão distinta, a concernente ao burocratismo e à falta de melhores critérios ou de maior eficiência, às insuficiências e às contradições, à sobreposição de iniciativas e à pletora de organismos, ao empreguismo e ao clientelismo, à irresponsabilidade e aos desmandos da política do Estado, máxime no nosso caso, dadas as condições históricas e estruturais do Estado brasileiro, cuja solução não será uma política deliberada de esvaziamento do papel do Estado na sociedade contemporânea. Para fazer face à tutela estatal, devemos contrapor à apologia do mercado livre a apologia da sociedade civil, com a criação de instrumentos que possibilitem e viabilizem a efetiva democratização da gestão pública, neste particular, os mecanismos de controle não só legislativo, mas também e sobretudo social da administração pública. Em outros termos, ao invés de uma maior "privatização" do Estado, isto é, sua maior subordinação à lógica do capital, uma decidida "socialização" do Estado, isto é, sua real subordinação aos interesses da sociedade civil.

20

Democracia, socialismo e social-democracia

Texto publicado *in Horizonte*, Porto Alegre, nº 3, agosto de 1994
Originariamente, publicado *in Diário do Sul*,
Porto Alegre, 01/06, 29 e 30-31/07/1988

1. Tocqueville assinala, em *O Antigo Regime e a Revolução*, que encontrávamos, anteriormente à Revolução Francesa, uma espécie de liberdade, baseada nos privilégios e nas imunidades da aristocracia própria do Antigo Regime. Liberdade esta que, embora irregular e intermitente e ligada à idéia de exceção, permitia resistir ao absolutismo monárquico e influenciaria mesmo a própria Revolução Francesa.

Diversos foram os autores que salientaram as origens aristocráticas da democracia liberal, aqui entendida como prática histórica da democracia moderna, identificadas por elementos como o sufrágio restrito, principalmente em sua modalidade de sufrágio censitário, a mera igualdade jurídica, servindo antes para consagrar a desigualdade social existente na sociedade do que efetivamente para assegurar os direitos dos explorados e dos dominados. A resistência e a organização populares, sobretudo a partir da segunda metade do século passado, possibilitaram, entre outras coisas, a conquista do sufrágio universal, a reivindicação da igualdade social, a formação de sindicatos e partidos populares, o direito de greve. Tais conquistas significaram um alargamento da prática democrática no interior da democracia liberal. Num certo sentido, os espaços democráticos existentes na democracia liberal foram principalmente resultado da luta da classe trabalhadora, caracterizando-se como direitos populares. A democracia liberal apresenta-se, portanto, como uma relação de forças políticas, correspondendo parcialmente, também, às reivindicações dos explorados e dos dominados, embora sob hegemonia burguesa. Em outros termos, a democracia liberal como prática histórica da democracia moderna, não custa repetir, é um processo dinâmico, cujo resultado sempre provisório está além do horizonte político da classe dominante, embora aquém do horizonte político da classe trabalhadora. Daí, a importância, da luta pelo alargamento e pelo aprofundamento da democracia no interior da democracia liberal, distinguindo-se do dogmatismo, por um lado, ante a exigência, apesar das conquistas conjunturais, de uma transformação profunda do Estado e da sociedade, diferenciando-se do oportunismo, por outro.

Os espaços democráticos, os direitos populares na democracia liberal não se constituem, assim, nem em simples "legalização (domesticação?) da classe trabalhadora", nem em pura conquista da classe trabalhadora, mas representam o resultado sempre provisório, como se disse acima, de um processo dinâmico que, sem ultrapassar os horizontes estreitos do *status quo*, refletem, assim mesmo, limitações importantes impostas à exploração e à dominação. Aliás, tanto o dogmatismo como o oportunismo estabelecem uma falsa unidade entre democracia e burguesia. Enquanto o dogmatismo reconhece uma essência burguesa na democracia para então denunciá-la e relativizá-la, o oportunismo reconhece uma essência democrática na burguesia para, finalmente, fazer a apologia da democracia possível e tolerável no mundo burguês. Entretanto, a rigor, nem a democracia tem uma essência burguesa, nem a burguesia possui uma essência democrática. Num certo sentido, dominação burguesa e democracia efetiva são incompatíveis. O que nos remete à discussão sobre o socialismo.

Conforme lembra Fernando Claudín (Claudín, Fernando, *in L'Eurocommunisme*, François Maspero, Paris, 1977, pp. 64-66), a estrutura econômica do capitalismo compatibiliza-se com estruturas políticas alternativas que vão da democracia liberal ao fascismo, revelando uma autonomia relativa da instância política em relação à instância econômica neste modo de produção. A democracia liberal caracterizar-se-ia exatamente por esta separação entre o político e o econômico: democracia na esfera política (democracia formal), não-democracia na esfera econômica. Se a democracia chega a penetrar de maneira substancial na esfera produtiva, o sistema chega ao fim de sua existência histórica. O socialismo caracterizar-se-ia, ao contrário, pela extensão da democracia à esfera econômica, não se compatibilizando com a simples democracia formal e, menos ainda, com a ausência da democracia na esfera política. Na construção do socialismo, a autonomia do político em relação ao econômico tenderia a reduzir-se, equivalendo a um alargamento e aprofundamento progressivos da democracia, expressões como socialismo não-democrático, sendo uma contradição, e socialismo democrático, uma redundância. O resultado final seria a conquista da democracia material e um novo conteúdo da democracia formal. Neste sentido, seria um equívoco sustentar a compatibilidade entre uma estrutura econômica socialista com uma superestrutura política não-socialista, em atraso com relação à base econômica.

A este propósito, observa-se, muitas vezes, nas denominadas "sociedades pós-revolucionárias", em decorrência do próprio modelo de socialismo implantado, que, em nome da preeminência e da anterioridade da "democracia real" tão decantada e em função da relativização e, por conseqüência, da desqualificação da "democracia formal" (burguesa?) tão criticada, acaba-se por revogar e negar as liberdades públicas mais elementares tão essenciais, ao invés de aprofundá-las e dar-lhes um novo conteúdo, mais efetivo e real. De tal forma que, em que pese os consideráveis e inegáveis avanços sociais, a classe trabalhadora talvez encontre nelas menos espaço público para sua manifestação, organização e conscientização do que mesmo nas sociedades de "democracia liberal", até, em alguns casos, periféricas.

Modelo de socialismo este que se reduz quase sempre a um "socialismo de estado", velha proposta lassalista já criticada no século passado. Aliás, o "estatismo", tal como entendido aqui, isto é, a desconfiança profunda com as iniciativas autônomas das massas populares, é compartilhado tanto pelo dogmatismo como pelo oportunismo.

Um projeto de socialismo democrático, aceitando a redundância da expressão, tem de superar estas contradições. É verdade que a importância dada à problemática dos detentores do poder, ao "quem governa" no pensamento socialista resulta logicamente de uma concepção que tem como princípio básico a afirmação do caráter de classe do Estado, ao contrário da concepção liberal que quando muito aceita a idéia de uma utilização, anômala e irregular, de classe do Estado. Entretanto, cabe cada vez mais examinar concretamente os mecanismos de poder, o "como governa", sob pena de continuar-se a falar em nome daqueles que não se sentem representados. E este debate situa-se desde já no cotidiano das lutas populares na própria democracia liberal.

2. O conceito de socialismo não é um conceito unívoco, permitindo ao contrário múltiplas interpretações e diversos usos. Assim, podemos pelo menos falar em socialismo revolucionário, socialismo reformista e

social-democracia, cujo sentido atual não corresponde mais àquele do início do século. Da mesma forma, com relação ao marxismo, corrente socialista, as variantes sendo as mais diversas e por vezes opostas: identificamos um marxismo da II' Internacional, um marxismo da IIIª Internacional, um marxismo da "oposição de esquerda", um marxismo soviético, um marxismo chinês, um marxismo influenciado pelo existencialismo, um marxismo influenciado pelo estruturalismo, um marxismo da escola de Frankfurt, um marxismo da Escola de Budapest, um neomarxismo, para apenas tomar alguns exemplos, todos geralmente se reclamando da ortodoxia, alguns lendo nas entrelinhas da obra da Marx o que é desmentido em suas linhas. A complexidade do tema torna-se ainda maior quando passamos do plano do puro debate doutrinário para o plano da prática concreta, sobretudo sabendo-se que houve por vezes uma apropriação dogmática de um pensamento crítico por aquele que tinha o objetivo de combater e de abater: o poder de Estado. Talvez, isto possa em grande parte ser debitado à infância do socialismo, a primeira experiência da revolução socialista tendo a rigor ocorrido há pouco mais de um século com a Comuna de Paris de 1871 (a primeira revolução burguesa data de 1383[10]). Aliás, Marx e Engels já advertiam em A Ideologia Alemã que "o socialismo não é para nós um estado que deva ser criado, nem um ideal sobre o qual a realidade deverá se ajustar. Nós denominamos socialismo o movimento real que abole o estado atual".

Ao examinarmos qualquer escola de pensamento político, devemos partir do princípio dialético do caráter total da atividade humana e da ligação indissolúvel entre seus aspectos espirituais e seus aspectos materiais, se didaticamente fosse possível estabelecer tal distinção.

---

[10] Revolução ocorrida em Portugal com apoio popular e da burguesia nascente contra a dominação de Castela e que leva ao poder Dom João I.

Em outros termos, a história das idéias, sobretudo a história das idéias políticas, não é exclusivamente história das idéias, mas também história da sociedade. Neste contexto, caberia perguntar-se sobre o quadro social, o quadro fundamental sendo a estrutura econômica da sociedade, do surgimento do socialismo. Quadro social este que possui o caráter de condicionamento, embora respeitando a autonomia parcial do mundo das idéias, bem como as exigências lógicas internas da obra em questão. O quadro social do surgimento do socialismo encontramos na grande indústria e no proletariado. Entretanto, a grande indústria e o proletariado fizeram surgir não apenas o marxismo, como também o socialismo utópico e o anarquismo, correntes socialistas. Por isso mesmo, não basta colocar uma determinada escola de pensamento político em relação com as estruturas, mas torna-se igualmente necessário relacioná-lo com a conjuntura do momento de seu surgimento e desenvolvimento, da mesma forma parte do quadro social.

Embora procedendo de um quadro social distinto e devendo muito a correntes do iluminismo, o socialismo moderno encontra grande parte de sua inspiração no socialismo antigo. As utopias do passado, como projeto imaginário de uma sociedade mais justa e igualitária, exerciam um papel de crítica à realidade existente. Presentes em diversas culturas, o milenarismo sendo uma das suas principais manifestações, expressam em geral as aspirações dos deserdados e excluídos da sociedade. Da mesma forma, observamos nos grandes movimentos revolucionários da história, movimentos autônomos de classe, retomando a inspiração socialista, como Thomas Munzer, na Guerra dos Camponeses da Alemanha, e Babeuf, na Revolução Francesa.

No que se refere especificamente ao socialismo moderno, suas primeiras manifestações são ainda utópicas, caracterizadas por uma concepção que "desenhando com maior ou menor precisão o tipo de sociedade que conviria realizar, é incapaz de articular seu projeto sobre as lutas atuais e, assim, de ligar o fim e os meios de o atingir.". (Chatelet, François, *in Manifeste du Parti communiste de Marx et Engels*, Editions Pédagogie Moderne, Paris, 1981, p.175) Para Hobsbawm (Hobsbawm, Eric J., *in História do Marxismo, I - O Marxismo no Tempo de Marx*, Editora Paz e Terra, São Paulo, 1980, pp. 44-45 e 63), o socialismo posterior resgata do socialismo utópico pelo menos um aspecto crítico, isto é, de crítica da sociedade surgida com a Revolução Industrial, e um aspecto programático, isto é, a tentativa de reflexão sobre a natureza e as características da sociedade ideal que se queria construir. Entretanto, de acordo com o mesmo autor, o socialismo posterior distinguir-se-ia por ser uma crítica ampla, e não apenas parcial, do capitalismo, por inserir o capitalismo dentro de uma análise histórica evolutiva, por esclarecer as modalidades de transição da velha para a nova sociedade e por enfatizar o papel da classe trabalhadora neste processo.

Como já foi salientado, podemos pelo menos distinguir três modalidades de socialismo: o socialismo revolucionário, o socialismo reformista e a social-democracia. Conviria melhor precisar tais distinções. Inicialmente, social-democracia e socialismo revolucionário apresentavam-se no vocabulário político como expressões sinônimas. Entretanto, o conceito de social-democracia passaria pouco a pouco, a partir do início deste século, a diferenciar-se daquele de socialismo revolucionário e a identificar-se com aquele de socialismo reformista para vir finalmente, após a segunda guerra mundial, a traduzir-se em social-democracia propriamente dita, rompendo num certo sentido com o ideário originariamente socialista.

Caberia ainda estabelecer outra distinção, importante, embora imperceptível por vezes. Aquela existente entre os partidos sociais-democratas na acepção do pós-segunda guerra mundial, que nem sempre perdem sua condição de partidos operários e ainda constituem um referencial significativo para amplos setores da classe trabalhadora, e os partidos liberais ou burgueses, populistas ou não, da democracia social, algumas vezes relativamente implantados na classe trabalhadora.

A social-democratização progressiva de anteriores partidos socialistas resultou de inúmeras circunstâncias e fatores: a prosperidade econômica do capitalismo desde o final do século passado e sua recuperação após a crise dos anos 30 e a guerra dos anos 40 deste século, melhorando consideravelmente o nível de vida da classe trabalhadora; as possibilidades abertas no interior da democracia liberal para novas conquistas populares através de uma política de reformas parciais e gradativas que, embora não fosse incompatível com o projeto estratégico, passou a centralizar a atividade partidária; o crescimento da classe média e a necessidade de repensarem-se as alianças políticas; a experiência do exercício do poder, sobretudo no plano municipal, desde o início deste século; a ênfase na política parlamentar, entre outros. Muitas vezes, preserva-se ainda a velha fraseologia revolucionária, em que pese a adoção de uma prática reformista.

A trajetória da social-democracia alemã seria exemplar a este propósito. A publicação da obra de Bernstein, *As Premissas do Socialismo e as Tarefas da Social-Democracia*, em 1899, dez anos após a formação da IIª Internacional, lança o debate sobre os rumos da social-democracia. O revisionismo de Bernstein pretende restabelecer a unidade entre a teoria, revolucionária, e a prática, reformista, da social-democracia, em prejuízo da teoria e em benefício da prática. Preconiza a integração da classe trabalhadora na sociedade capitalista contra aqueles que defendem a ortodoxia socialista de ruptura com a sociedade capitalista. Embora desautorizadas pelo próprio partido, as teses de Bernstein refletem grosso modo a opção reformista da social-democracia alemã a partir do início deste século. A evolução consumar-se-ia no Congresso de Bad Godesberg em 1959, podendo-se então falar em um novo modelo, centrado antes nas idéias de "neocapitalismo" ou "economia mista" do que no ideal de uma sociedade socialista a ser atingida no futuro. Neste Congresso, o SPD revisa substancialmente suas teses anteriores, retirando grande parte daquilo que pudesse lembrar o socialismo clássico. O programa de Bad Godesberg anuncia que "o Partido Social-Democrata transformou-se de um partido da classe trabalhadora naquele do povo", perdendo portanto seu caráter classista; além disto, afirma que "a livre concorrência e a livre iniciativa são elementos importantes da política econômica da social-democracia"; acrescenta-se, ainda, que "a propriedade privada dos meios de produção tem o direito de ser protegida e estimulada na medida em que não impede a criação de uma ordem social justa".

Maurice Duverger assinala num interessante texto (*Social-Démocratie, in Universalia 1977*, Encyclopaedia Universalis France S. A., Paris, 1977, pp. 77-79) que socialismo revolucionário e socialismo reformista coincidem quanto aos fins, a sociedade socialista futura, embora divirjam quanto aos meios de atingi-la. O socialismo revolucionário acredita que só a via revolucionária pode conduzir ao socialismo, a via reformista sendo um caminho sem saída. Em que pese a concordância de todas as correntes do socialismo revolucionário com a necessidade de uma ruptura mais ou menos profunda com a sociedade capitalista, diferenciam-se quanto às modalidades desta ruptura: para alguns, através de um "socialismo de Estado", para outros, através da experiência dos conselhos ou ainda através de outros mecanismos. O socialismo reformista, discordando da estratégia da ruptura, aposta nos procedimentos da democracia parlamentar para alcançar o objetivo final. A social-democracia, por sua vez, não é revolucionária nem quanto aos meios, nem quanto aos fins. Como o socialismo reformista, defende os procedimentos da democracia parlamentar, mas, ao contrário dele, renuncia a substituir a sociedade capitalista pela sociedade socialista. Pretende apenas melhorá-la, sem transformá-la profundamente. Apesar disto, a social-democracia procura gerir o sistema capitalista no sentido o mais favorável possível à classe trabalhadora, o que a distingue em grande parte dos partidos liberais ou conservadores. A lembrar-se ainda que estas diferenças não coincidem necessariamente com as fronteiras partidárias, podendo eventualmente coexistir, no interior de um mesmo partido, tendências distintas e mesmo opostas, apesar da hegemonia de uma delas.

21

As denominadas "sociedades pós-revolucionárias"

Texto publicado in *Diário do Sul*, Porto Alegre, 05-06/12/1987, complementado em 1996.

1. As transformações recentes por que passaram a União Soviética e demais países do leste europeu impõem a retomada da reflexão sobre a experiência das denominadas "sociedades pós-revolucionárias". A rápida decomposição de regimes sociais até então percebidos como em grande parte "estacionários" e pouco suscetíveis a mudanças revela finalmente a incapacidade de as elites reinantes, em que pese décadas de domínio, construírem uma efetiva hegemonia. Muito antes pelo contrário: numa verdadeira regressão histórica, surgem hoje manifestações de nacionalismo xenófobo, integrismo religioso, racismo etc., anacronismos ideológicos estes em contradição com o cosmopolitismo cada vez mais acentuado da vida contemporânea.

Muito tem-se dito e afirmado a propósito desta experiência, geralmente com pretensões de novidade ou de originalidade. Como se não tivesse havido ao longo deste século, seja no interior do movimento socialista, seja no interior do pensamento liberal-democrático, um esforço de compreensão e um intenso debate sobre a natureza da sociedade inaugurada pela Revolução de 1917 que pelo menos representam um apreciável ponto de partida para a análise do fenômeno. Para lembrar o próprio Marx, "como arquiteto original, a ciência não desenha apenas castelos na Espanha; ela constrói mesmo alguns andares habitáveis antes de ter colocado a primeira pedra". E seguramente encontraremos desde há muito inúmeras avaliações e críticas que correspondem a alguns andares habitáveis antes de fazer-se o balanço final e completo esperado.

A caracterização destas sociedades permanece ainda matéria de controvérsia no interior do pensamento socialista, apresentando-se como uma de suas mais importantes e complexas tarefas do momento. Entretanto, as análises já desenvolvidas permitem a apreensão de alguns de seus principais traços. Inicialmente, caberia distinguir entre sociedades onde houve uma efetiva experiência de democracia soviética quando da ruptura revolucionária e aquelas onde um processo de revolução pelo alto impôs a organização de um regime burocrático.

Seguramente, pode-se afirmar, com relação à Revolução de 1917, a existência de um breve período *anticapitalista*. Entretanto, se o novo regime teve sua origem numa revolução reclamando-se do socialismo e onde os operários e camponeses tiveram um papel decisivo e em grande parte autônomo, isto não impede que se pergunte pelo resultado do processo.

Não basta para entender e explicar os desvios ou a degenerescência burocrática do processo apenas o exame do contexto histórico da Revolução de 1917: inexistência de uma revolução burguesa anterior, atraso econômico, subdesenvolvimento cultural da população, guerra mundial, guerra civil, cerco imperialista, necessidade de uma "acumulação primitiva do capital", entre outros aspectos. Em última análise, tais elementos remetem-nos a uma contradição de base: *a contradição com que se depara um partido que é o instrumento da revolução socialista em um país imaturo socialmente para ela*. Porém, embora tais elementos sejam indispensáveis na explicação do processo, não são suficientes, podendo inclusive mascarar a *problemática política* de uma transformação socialista. Da mesma forma, não explicam a possibilidade de organização de regimes burocráticos por um processo imposto do alto, sem degenerescência burocrática de um regime soviético.

Se fosse o caso de ressaltar o contexto histórico da Revolução de 1917, caberia igualmente chamar a atenção para estruturas históricas seculares. Neste particular, a contribuição de um pensador como Nicolas Berdiaeff. Seu texto *As Fontes e o Sentido do Comunismo Russo* de 1935/1936 representa um verdadeiro trabalho de arqueologia histórica num plano analítico que remete em muito ao que a nova história francesa viria a identificar como a *longa duração*: aquelas estruturas, inclusive psicológicas, quase imóveis, que condicionam o processo histórico, tendo realçado mais especificamente o débito da experiência revolucionária com relação ao passado russo.

Lembra inicialmente Berdiaeff que os primeiros marxistas russos acentuariam os aspectos deterministas e evolucionistas da doutrina de Marx, o socialismo devendo ser nesta perspectiva o resultado inevitável do desenvolvimento da economia. A revolução socialista somente seria possível quando a Rússia deixasse de ser um país predominantemente agrário. Lenin assinalaria, ao contrário, o caráter particularmente nacional e original do processo russo, persuadido que estava de que o socialismo poderia ser realizado fora do desenvolvimento capitalista e sem a formação de uma classe operária numerosa. Por isto mesmo, a ditadura do proletariado pretendida traduzir-se-ia propriamente em uma *ditadura da idéia do proletariado*. Afirmação em última análise do primado do político sobre o econômico, apologia da vontade revolucionária, aproximando num certo sentido Lenin antes de Maquiavel e sua teorização do voluntarismo político (dialética da virtude e da fortuna) do que de Marx.

Embora sem poder exagerar as diferenças, a história da *intelligentzia* russa do século passado é em grande parte marcada pelo debate entre ocidentalistas e eslavófilos. Segundo Berdiaeff, o marxismo, que surge como forma extrema de ocidentalismo, nacionaliza-se, eslaviza-se posteriormente. O bolchevismo revelar-se-ia assim com o tempo mais fiel às tradições russas: a tradição do radicalismo político, que remonta pelo menos ao *raskol*[11], e a tradição do poder absoluto e do governo forte. Alia-se igualmente às tradições da ortodoxia russa, numa versão original e laica, transformando o marxismo numa nova escolástica. Finalmente, o comunismo da época stalinista poderia ser melhor definido como uma continuidade, e não uma ruptura com a obra de "modernização conservadora" de Ivan, o Terrível e Pedro, o Grande[12].

2. Basicamente, quatro são as concepções em relação à natureza das denominadas "sociedades pós-revolucionárias":

a) Modo de Produção Socialista

Tratou-se de uma forma ou de outra da concepção oficial dos círculos dirigentes das "sociedades pós-revolucionárias", inclusive após 1956. Suas noções de base são os conceitos de propriedade socialista e Estado proletário, denotando o fetichismo jurídico e político desta concepção e criando a ilusão da supressão do capitalismo e, portanto, da supressão da exploração. Na realidade, corresponde à interrupção do processo de transição socialista, erigindo leis econômicas de um

---

[11] Cisma religioso, verdadeira anti-reforma caracterizada por um apego exagerado às tradições, que dividiu a cristandade russa no século XVII, parecendo constituir uma das origens do radicalismo político na Rússia.

[12] Berdiaeff, Nikolai A., *in Les Sources et le Sens du Communisme Russe*, Gallimard, Paris, 1951, pp. 181-314.

pretenso modo de produção socialista, ao mesmo tempo em que justifica tal interrupção.

Maximilien Rubel, num texto de 1957, assinala a este propósito que "o Estado soviético é juridicamente, isto é, simbolicamente, 'entre as mãos dos operários'. De fato, ele joga o papel de um empresário e de um banqueiro capitalistas.". (Rubel, Maximilien, *La Croissance du Capital en U.R.S.S. - Essai de Confrontation Critique*, in *Marx Critique du Marxisme*, Payot, Paris, 1974, p. 76)

b) *Estado Operário Degenerado*

A concepção do Estado Operário Degenerado foi uma das primeiras críticas, no interior do pensamento socialista, à degeneração burocrática do regime soviético, quando ainda as ilusões e esperanças em relação a ele mantinham-se vivas. Neste contexto, deve ser situada e compreendida.

Para a análise trotskista, a sociedade soviética seria uma sociedade contraditória, a meio caminho entre o capitalismo e o socialismo, uma estrutura política burocrática superpondo-se a uma forma socialista de propriedade. Procura-se explicar a degeneração burocrática pelo subdesenvolvimento econômico inicial do país e pelo atraso da revolução mundial. Daí, a instabilidade crônica da burocracia, casta dominante, e não classe dominante, obrigada a defender as conquistas da Revolução de Outubro, a retomada do projeto transformador dependendo então não de uma revolução eminentemente social, na medida em que a forma existente de propriedade seria mantida, já que socialista, mas de uma revolução simplesmente política.

Castoriadis, num texto de 1947, lembra que esta concepção "constitui de fato uma revisão completa do marxismo. Ela transtorna a economia marxista, sustentando não apenas que a economia é determinada pelas relações jurídicas de superestrutura, mas também que a repartição é independente das relações de produção, isto é, que pode haver relações de produção socialista de onde decorre uma repartição que cria exploradores e explorados. Ela abandona mesmo o materialismo dialético, já que faz decorrer uma política reacionária de uma economia 'progressiva'. Ela falsifica o programa da revolução proletária e este é seu aspecto mais nefasto, mascarando a diferença que separa a verdadeira coletivização e a planificação proletária da economia da estatização e planificação burocráticas que servem à exploração do proletariado. Ela falsifica também a noção de Estado operário, dando como critério deste Estado as fórmulas da estatização e da planificação; critério segundo o qual nem a Comuna de Paris, nem a Revolução russa antes de sua degenerescência teriam sido Estados Operários.". (Castoriadis, Cornelius, *Sur la Question de l'URSS et du Stalinisme Mondial, in La Société Bureaucratique, 1 - Les Rapports de Production en Russie*, Union Générale d'Éditions, Paris, 1973, pp. 96-97)

Para Fernando Claudín (Claudín, Fernando, *in L'Eurocommunisme*, François Maspero, Paris, 1977, pp. 64-66), a estrutura econômica do capitalismo compatibiliza-se com estruturas políticas alternativas que vão da democracia liberal ao fascismo, revelando uma autonomia relativa da instância política em relação à instância econômica neste modo de produção. A democracia liberal caracterizar-se-ia exatamente por esta separação entre o político e o econômico: democracia na esfera política (democracia formal), não-democracia na esfera econômica. Se a democracia chega a penetrar de maneira substancial na esfera produtiva, o sistema chega ao fim de sua existência histórica. O socialismo caracterizar-se-ia, ao contrário, pela extensão da democracia à esfera econômica, não se compatibilizando com a simples democracia formal e, menos ainda, com a ausência da democracia na esfera política. Na construção do socialismo, a autonomia do político em relação ao econômico tenderia a reduzir-se, equivalendo a um alargamento e aprofundamento progressivos da democracia, expressões como socialismo não-democrático sendo uma contradição, e socialismo democrático, uma redundância. O resultado final seria a conquista da democracia material e um novo conteúdo da democracia formal. Neste sentido, seria um equívoco sustentar a compatibilidade entre uma estrutura econômica socialista com uma superestrutura política não-socialista, em atraso com relação à base econômica.

c) Modo de Produção Específico

A tese do modo de produção específico é sobretudo desenvolvida nos círculos dissidentes da Europa do Leste (Rudolf Bahro, entre outros) e por alguns marxistas ocidentais (Henri Lefebvre, Paul Sweezy, por exemplo). Tratar-se-ia, na realidade, de uma sociedade nem capitalista, nem socialista, nem em transição do capitalismo ao socialismo, mas fundada num sistema de exploração *sui generis*. Para alguns, é um modo de produção progressivo em relação ao capitalismo; para outros, uma etapa inevitável da história, ao menos para os países economicamente atrasados.

d) Capitalismo de Estado

As análises em termos de capitalismo de Estado são diversificadas, tendo como ponto comum a afirmação da existência de relações capitalistas de produção, mas para a reprodução das quais o Estado desempenha um papel fundamental.

A variante chinesa, desenvolvida a partir dos anos 60, defende a tese do "golpe de Estado" em 1956 (por ocasião do XX° Congresso do Partido Comunista da URSS, após a morte de Stalin, em 1953), atribuindo ao sistema soviético uma dinâmica semelhante à do capitalismo da propriedade privada. Ao contrário, o trabalho de Charles Bettelheim, marxista francês, representa um esforço sério e original de compreensão das sociedades pós-revolucionárias. Sustenta a existência de uma "burguesia de Estado" e de um capitalismo de propriedade estatal distinto de um capitalismo de propriedade privada, diferenciando simples estatização (propriedade estatal) e efetiva socialização (propriedade socialista) dos meios de produção.

Maximilien Rubel, no trabalho já indicado, assinala a este respeito que "... o capitalismo soviético difere do capitalismo ocidental moderno na medida mesmo em que a *sociedade russa* situa-se em um nível histórico diferente daquele dos países ocidentais. Trata-se, de um lado e de outro, de ritmos de evolução divergentes: no curso de algumas décadas, a economia russa compensou, através de uma aceleração surpreendente de seu progresso técnico e industrial, seu atraso secular neste domínio. Na condição de *capitalismo de imitação*, o sistema econômico da URSS pode, no curso de sua edificação, servir-se de toda gama de métodos de exploração e de organização implementados pelo capitalismo ocidental de sua gênese a seu apogeu"[13].

---

[13] RUBEL, Maximilien, *op. cit.*, p. 92. Grifado pelo autor. Convém igualmente reproduzir a seguinte passagem, bastante elucidativa, *op. cit.*, pp. 75-76:
"*Nous reviendrons sur cette façon d'envisager 'la nature des relations de production en l'U.R.S.S.'. Marquons dès à présent, afin de bien dégager la méthode suivie par nos auteurs, que pour eux l'économie est socialiste, puisque les rapports de production le sont; que le caractère socialiste de ces rapports se déduit lui-même du fait que la production est étatisée; que la disparition des capitalistes signifie l'avènement du socialisme, puisqu'elle entraîne visiblement dans leurs esprit celle du capital.*
Pour Marx, en effet, le capitaliste personnifie le capital, mais cette notion ne vaut qu'interprétée ainsi: le capitaliste personnifie le capital dans la mesure où il en est le 'fonctionnaire'; en tant que tel il est indispensable sans doute au capital mais ne se substitue pas à lui. En d'autres termes, il est le porteur d'un rapport social de production bien déterminé, rapport où le producteur est séparé de ses moyens de production; soumis ici au mécanisme aveugle du marché, là au diktat 'rationnel' de l'entreprise étatisée, à l'État-Patron, à l'État-Capitaliste, il est toujours dominé par le Capital.
En bonne méthode d'analyse marxienne, on ne saurait tirer l'existence du capital de celle du capitaliste, mais bien l'inverse. Produit de l'homme, le capital domine l'homme à son tour, et c'est lui le véritable maître de la production. On dira à bon droit qu'il précède le capitaliste; nos auteurs auraient donc dû commencer par démontrer l'absence du capital et celle des rapports de production capitalistes en

3. Gostaríamos aqui de fazer referência a duas obras que nos últimos anos trataram de examinar a natureza das denominadas "sociedades pós-revolucionárias": Kurz, Robert, *O Colapso da Modernização*, Paz e Terra, Rio de Janeiro, 1992, que obteve ampla repercussão, e Fernandes, Luís, *URSS. Ascensão e Queda*, Editora Anita Garibaldi, São Paulo, 1991, que revela os limites da "crítica" stalinista à experiência ocorrida no leste europeu.

O trabalho de Kurz foi objeto de inúmeras críticas. Para Fernando Haddad (Haddad, Fernando, *Os Tropeços de Kurz*, in *Teoria e Debate*, São Paulo, nº 21, maio/junho/julho de 1993, pp. 54-57), por exemplo, Kurz teria confundido capital com capitalismo, acumulação do capital com acumulação capitalista, crítica esta que remete por sua vez à noção polêmica de "acumulação primitiva socialista", utilizada por Bukharin em 1922 (*Economia do Período de Transição*) e retomada e sistematizada por Preobrajenski em 1924 (*A Lei Fundamental da Acumulação Socialista*). Para alguns, ao examinar a crise global do capitalismo, Kurz teria expresso uma visão "catastrofista" e um raciocínio "subconsumista", nos termos de Rosa Luxemburg. Para outros, ao tratar das

---

Russie pour prouver le caractère socialiste de la société et de l'économie soviétiques. Leur propos est tout autre. Il s'agit pour eux de distinguer formellement le capitalisme (de type classique) de l'économie étatisée. Quant à la distinction réelle, ils y pensent si peu que pour eux '... les catégories du capital commercial et du profit commercial s'appliquent pleinement au secteur capitaliste du commerce de l'U.R.S.S.'.

Selon ce type de raisonnement, l'État, qui est la classe ouvrière, ne peut être patron ni exploiteur, puisque les ouvriers ne s'exploitent pas eux-mêmes; ou s'ils le font, c'est par 'auto-discipline'.

A bien considérer cette 'identité' de l'État et de la classe ouvrière, on s'aperçoit qu'au centre de notre problème se trouve la notion de pouvoir ouvrier, de délégation ouvrière à un gouvernement central soumis à son contrôle. Le gouvernement soviétique représente-t-il un pouvoir ouvrier? Il n'est, pour répondre à cette question, que de se reporter aux mesures prises à l'égard des soviets et des syndicats, et à l'organisation militaire du travail par Lénine et Trotski selon des méthodes héritées de la guerre civile. Staline n'a fait qu'élever le système au point de la perfection (grifado pelo autor)."

alternativas de transformação face à crise global do capitalismo, não teria identificado o sujeito da transformação (a "razão sensível"?).

Por vezes, o autor parece retomar, numa outra perspectiva teórica, a tese conservadora de Rostow (*As Etapas do Desenvolvimento Econômico*, 1960) do comunismo como uma "doença de uma sociedade em período de transição", como transparece em algumas passagens (ver *op. cit.*, em especial pp. 46-55). Falta, ademais, uma análise do processo político que teria se traduzido na "modernização coativa burguesa recuperadora", resultado praticamente inevitável, segundo Kurz, em decorrência das circunstâncias econômicas. Mas encontramos elementos relevantes no trabalho. Antes de tudo, questões epistemológicas importantes: até que ponto o marxismo do movimento operário não esteve obcecado pela forma-mercadoria, sendo também paciente da crise global do capitalismo (ver, *op. cit.*, em especial pp. 29 e 227-228)? Chame-se a atenção também para sua análise da crise dos regimes do leste europeu: o "estatismo integral" e a eliminação da concorrência interna teriam dificultado a passagem da expansão econômica "extensiva" para a expansão econômica "intensiva" (ver, *op. cit.*, em especial pp. 64-65, 83-84 e 92).

A análise de Kurz não traz maiores novidades às teses já desenvolvidas desde há muito, seja no interior do movimento socialista mundial, seja no interior do pensamento liberal-democrático. Entretanto, e aqui um de seus principais méritos, recoloca a questão essencial à reflexão na matéria: nas sociedades do leste europeu, os meios de produção tiveram finalmente a forma socialista? As relações de produção foram finalmente substancialmente distintas daquelas que encontramos na sociedade capitalista clássica? Já conhecemos a resposta do autor: tratou-se na realidade de uma "modernização coativa burguesa recuperadora".

O trabalho de Fernandes, por sua vez, parece ficar bastante aquém da contribuição de Kurz no que se refere à caracterização das denominadas "sociedades pós-revolucionárias". Sobre isto, cabe também mencionar, do mesmo autor, o artigo *Sobre a Natureza das Sociedades no Leste*, in *Princípios*, São Paulo, Editora Anita Garibaldi Ltda., nº 23, novembro/dezembro de 1991/janeiro de 1992, pp. 9-16, posterior à edição do livro.

Critica a tese da caracterização das sociedades do leste como capitalismo de Estado, entendendo que "... o conjunto das economias do Leste vive hoje justamente a *crise da liquidação do setor socialista*, crise da *restauração da propriedade privada* (em geral, *capitalista*)". Com razão, contesta a idéia de uma degeneração do socialismo em capitalismo com a desestalinização, pois as "... relações identificadas com uma suposta *extração de mais-valia* estão presentes *desde o início* (e, em alguns casos, de forma *mais acentuada*) no setor socialista da economia soviética, e não apenas após Kruchov.". (*Sobre a Natureza das Sociedades no Leste*, op. cit., p. 14, grifado pelo autor) Assim, ao invés de reconhecer o caráter não-socialista das sociedades do leste desde antes da desestalinização, conclui que "... o processo em curso anteriormente nos Estados do Leste de retrocesso se verificava nos marcos da transição do socialismo, isto é, nos marcos de sociedades que *ainda preservavam os pilares fundamentais do setor socialista no grosso das suas economias*, apesar de serem dirigidas *politicamente* por forças (revisionistas) que *não se orientavam para o enfrentamento dos desafios da própria transição socialista.*". (*Sobre a Natureza das Sociedades no Leste*, op. cit., p. 15, grifado pelo autor)

Ao afirmar que "uma questão absolutamente crucial que surge da experiência soviética é a problemática da *democracia* no socialismo" (*URSS. Ascensão e Queda*, op. cit., p. 261), Fernandes parece aproximar-se, por vias transversas, da tese trotskista, fazendo decorrer de uma economia "progressiva" uma política reacionária, cuja inconsistência teórica já foi indicada acima.

Para contestar a tese da caracterização das sociedades do leste como capitalismo de Estado, o autor (ver *URSS. Ascensão e Queda, op. cit.*, em especial pp. 80-86) retoma o conceito de "capitalismo de Estado" em Lenin, tratado particularmente em dois textos: *Sobre o Infantilismo "Esquerdista" e o Espírito Pequeno-Burguês*, de 1918, e *Sobre o Imposto em Espécie*, de 1921. Entretanto, Lenin entendia por capitalismo de Estado "... a utilização do capital privado nas condições determinadas por contrato, sob controle do Estado. Mas o socialismo? Aos olhos de Lenin, isto deveria ser a indústria do Estado.". (Rubel, Maximilien, *op. cit.*, p. 71) O que a tese da caracterização das sociedades do leste como capitalismo de Estado exatamente procura afirmar é a ocorrência de simples estatização (propriedade estatal), e não de efetiva socialização (propriedade socialista) dos meios de produção.

Não ajuda ao autor dizer que "colocar esta (a superação das diferenças de classe na sociedade) como pré-condição para existência do socialismo, como faz Bettelheim, significa transferir para a *primeira fase do comunismo* critérios da fase comunista posterior (ou seja, do comunismo propriamente dito). Significa, portanto, *negar o socialismo enquanto etapa de transição*, apesar das afirmações em contrário. Por este enfoque, todas as experiências *socialistas*, ao herdar a base técnica da divisão do trabalho do capitalismo, estariam condenadas a se transformar em sociedades de *capitalismo de Estado.*". (*Sobre a Natureza das Sociedades no Leste, op. cit.*, p. 13) O que caberia exatamente era o exame dos mecanismos políticos que levaram à expropriação da classe trabalhadora pelo partido e pelo Estado, isto é, o exame da *problemática política de uma transformação socialista*, ao invés de quando muito afirmar-se genericamente que "uma questão absolutamente crucial que surge da experiência soviética é a problemática da *democracia* no socialismo".

Não ajuda igualmente ao autor indicar o "... problema conceitual/teórico de equiparar uma camada social (a burocracia) a uma classe (burguesia)... .". *(Sobre a Natureza das Sociedades no Leste, op. cit.*, p. 14) Na doutrina marxista, as classes são definidas pelo lugar que elas ocupam na produção. Daí, uma das primeiras afirmações do *Manifesto do Partido Comunista* de Marx e Engels: "A história de toda sociedade até os nossos dias foi apenas a história da luta de classes." Se, na experiência das denominadas "sociedades pós-revolucionárias", a burocracia do partido e do Estado tem o controle dos grandes meios de produção, trata-se, independentemente dos aspectos terminológicos, de uma classe social no sentido genérico em que é tomada a expressão. Neste sentido, pertinente a observação de Pierre Vilar de que "devemos buscar um sentido mais geral à palavra 'classe', que sirva tanto para o que se esconde debaixo de uma determinada aparência social, como debaixo de outra.". (Vilar, Pierre, in *Iniciación al Vocabulario del Análisis Histórico*, Editorial Crítica, Barcelona, 1980, p. 126)

4. As sociedades pós-revolucionárias parecem ter representado a cristalização de um momento do processo de transição socialista, constituindo uma situação peculiar. Segundo ainda Fernando Claudín, "a liquidação de algumas formas históricas de opressão e exploração - as capitalistas e feudais -, mais os êxitos quantitativos da industrialização e no âmbito da cultura tiveram um conteúdo liberador efetivo com relação ao regime tzarista". Entretanto, engendraram "... novas formas de alienação, de opressão e de exploração do homem que, em certos aspectos, significam um retrocesso com respeito às conhecidas no capitalismo 'avançado'.". (Claudín, Fernando, *La Crisis del Movimiento Comunista*, tomo 1 - *de la Komintern al Kominform*, Ibérica de Ediciones y Publicaciones, S.A., Barcelona, 1977, p. 547) Em certos casos,

manteve-se ainda a memória e a herança da democracia soviética inicial. De qualquer forma, o marxismo se transformou nestas sociedades numa ideologia justificadora do novo poder. A ilusão da supressão do capitalismo e, portanto, da supressão da exploração e a mistificação da propriedade socialista e do Estado proletário concederam ao novo poder uma rara legitimidade. A planificação da economia pode ter representado um aspecto "progressivo". Entretanto, persistiu uma crise constante de subprodução, pelo desequilíbrio entre produção de bens de produção e produção de bens de consumo. Alguns autores assinalaram mesmo o surgimento de duas economias distintas: um setor estratégico (produção militar, conquista espacial etc.) com uma produtividade, um rendimento, normas e salários completamente diferentes daqueles de um setor de produção de bens de consumo.

Lembrando a célebre caracterização de Lenin do comunismo como "o poder dos sovietes e mais a eletrificação", a experiência ocorrida pareceu significar cada vez mais eletrificação e cada vez menos poder dos sovietes, o que nos remete à *problemática política* a que nos referíamos inicialmente.

A este propósito, Marc Ferro (Ferro, Marc, *in Des Soviets au Communisme Bureaucratique*, Éditions Gallimard/Julliard, Paris, 1980, pp. 9-15) lembra que não podemos datar a subversão do ideal socialista apenas da época de Stalin. As práticas que definem esta subversão datam já da época de Lenin e Trotski e mesmo de anteriormente da guerra civil e da intervenção estrangeira. Portanto, o "terror" não pode ser explicado apenas pelas "necessidades do momento", as violações atribuídas à Revolução de Outubro sendo algumas vezes anteriores à tomada do poder pelos bolcheviques. Por outro lado, que a subversão do ideal socialista não pode ser debitado apenas ao partido ou ao leninismo, excluindo a parte correspondente ao próprio passado russo, sem falar na deterioração das práticas democráticas independentemente de qualquer interferência dos comunistas. Finalmente, que não podemos reduzir a complexidade da sociedade russa revolucionária apenas ao conflito entre partidos. Na realidade, existem diversos sistemas de conflito: sindicatos contra comitês de fábrica, partidos contra sindicatos, instituições de democracia direta contra instituições representativas etc., além do conflito entre partidos.

Esta subversão do ideal socialista a que se refere Marc Ferro dependeu, entre outras coisas, do extermínio, inclusive físico, da velha-guarda revolucionária, enfim, da supressão da memória revolucionária. Alguns dados são reveladores a este propósito: a chamada promoção "Apelo de Lenin", de 1924, aumentou em um ano o efetivo do partido de 50%, estes novos membros constituindo o grosso dos 57% de analfabetos que o partido conta em 1924 e transformando-se numa massa de manobra dócil nas mãos do aparelho burocrático do partido e do Estado; mais do que a maioria absoluta dos membros do CC de 1917 a 1923, os três secretários do partido entre 1919 e 1921, a maioria do *bureau* político entre 1919 e 1924 foi executada; de um total de 139 membros titulares ou suplentes do CC de 1934, 98 foram executados em 1937/1938, apenas 22 encontrando-se no CC de 1939; de um total de 55 membros titulares do CC de 1934 eliminados, 47 eram velhos bolcheviques, tendo entrado no partido antes de 1917, outros 7 antes de 1920 e apenas 1 após o fim da guerra civil; enquanto no XVIIº Congresso de 1934, 2,6% dos delegados tinham aderido ao partido após 1929 e 75% eram veteranos da guerra civil, no XVIIIº Congresso de 1939, 43% e 8,1%, respectivamente; de um total de 1966 delegados ao XVIIº Congresso de 1934, 1108 (57%) foram presos por "crimes contra-revolucionários"[14].

---

[14] Os dados constam em Broué, Pierre, *in Le Parti Bolchevique. Histoire du P.C. de l'U.R.S.S.*, Les Editions de Minuit, Paris, 1977, pp. 200-201 e 392-395.

Stalin e o stalinismo simbolizarão este processo de subversão do ideal socialista. Stalin e o stalinismo têm sido objeto da crítica passional ou da defesa incondicional, tornando difícil sua análise. Análise esta que implica o exame de inúmeras questões problemáticas como as referentes à teoria marxista, ao partido, ao Estado da transição socialista, à própria transição socialista, à política da III? Internacional, à caracterização das denominadas "sociedades pós-revolucionárias", ao neo-stalinismo. A crítica moral, própria do pensamento liberal, não é suficiente, importante mesmo sendo detectar a lógica que preside os atos moralmente criticados. Da mesma forma, a crítica neo-stalinista ao "culto da personalidade", que não passa de uma tentativa de finalmente resgatar no essencial o sistema stalinista. Sem falar na crítica que se detém nos aspectos políticos, percebendo meros "erros" ou "desvios" políticos na experiência, reproduzindo neste particular a abordagem trotskista, sem contestar as bases do sistema como se viu acima.

Não se trata do homem, mas do sistema ao qual serviu e que simbolizou. O chamado stalinismo é o resultado de um processo que levou a degeneração definitiva da experiência. Embora não se possa atribuir ao leninismo a responsabilidade histórica pela subversão do ideal socialista, não cabem dúvidas que os primeiros elementos de burocratização do partido e do Estado já surgem antes do chamado stalinismo.

Além disso, devemos igualmente ultrapassar o falso embora velho dilema Stalin ou Trotski: sem querer fazer hipóteses com a história, tudo indica que, dirigida por Trotski, a experiência teria sido tão pouco democrática quanto a que resultou, embora devamos reconhecer que Trotski tornou-se um dos primeiros a diagnosticar sua degenerescência.

Finalmente, *o stalinismo foi a prática e a teoria de um processo de revolução pelo alto, significando o próprio malogro do projeto socialista.*

5. A política de Khruchtchev, após 1956, não significou uma alteração importante nas características gerais do regime, implicando antes uma simples superação de seus anacronismos mais flagrantes. Da mesma forma, no que se refere às reformas de Gorbachov ("perestroika" e "glasnost") que procuraram aprofundar esta política, interrompida a partir de 1964. Se, aparentemente ao menos, não questionavam na sua essência o regime burocrático, pareciam significar um passo importante para a superação do autoritarismo e a construção da democracia, mesmo que não nos moldes de uma democracia efetivamente socialista. Entretanto, geraram uma dinâmica, favorecida pela crise geral do modelo, que atingiu suas bases e abriu a perspectiva de trânsito para um capitalismo da propriedade privada.

Em que pese os nostálgicos do "Antigo Regime", que constituem "grosso modo" o bloco conservador-reacionário, sempre atuantes e muitas vezes favoráveis à solução autoritária, o cenário político deslocou-se rapidamente para a disputa entre os defensores de uma via "estatal" de evolução para o capitalismo da propriedade privada, procurando preservar a importância do setor estatal no contexto de uma economia de mercado, identificados em grande com as reformas de Gorbachov, e os defensores de uma via "liberal" de evolução para o capitalismo da propriedade privada, identificados com as propostas de Yeltsin, estes últimos tendo finalmente assumido a hegemonia e a direção do processo[15].

---

[15] Ver a respeito Chauvier, Jean-Marie, *Les réels enjeux de la rivalité entre MM. Eltsine et Gorbatchev*, in *Le Monde Diplomatique*, Paris, abril de 1991, pp. 6-7.

22

Política e mentira

Texto publicado *in Zero Hora*,
Porto Alegre, 22/10 e 02/12/1987

1. A mentira, a falsificação da realidade, tem servido ao longo da história à política, inclusive para reescrever em muitos casos, ao gosto dos vencedores e ao sabor das flutuações da conjuntura, a própria história. Não apenas a mentira ocasional e fragmentária, mas sobretudo a mentira deliberada e sistemática. Assim, ao passar da esfera privada para o espaço público, transformou-se mesmo em instrumento privilegiado na luta pelo poder. De tal forma que, se virtude existe no homem político, esta raramente será a da sinceridade. Já no século XVI, Maquiavel assinalara que o Príncipe não necessitava possuir todas as qualidades, sendo suficiente apenas aparentar possuí-las. Mais ainda, "possuindo-as e usando-as todas, tais qualidades ser-lhe-iam prejudiciais, enquanto que aparentando tê-las são-lhe benéficas". A política caracteriza-se nesta perspectiva como a arte da simulação e da dissimulação, governar reduzindo-se então a fazer crer. Anteriormente, Platão salientara que a mentira, embora não seja útil aos deuses, poderia revelar-se proveitosa aos homens. Referia-se à "nobre mentira", à "mentira benéfica", os "guardiães" - os dirigentes da cidade - devendo, se necessário, utilizá-la para enganar não só seus inimigos como também os

cidadãos para o bem da cidade. Logicamente, existe um limite para a mentira, um ponto de saturação, além do qual torna-se contraproducente, limite este variável de acordo com as circunstâncias.

A mentira parece ser nota dominante em nossa tradição política. A predominância de um estilo arcaico de fazer política, em descompasso aliás com a dinâmica da economia; a fragilidade histórica dos partidos; a carência de uma efetiva dimensão programática na atividade política; em conseqüência, a falta de um verdadeiro sentido ético no comportamento político, para citar apenas alguns elementos entre tantos outros, favorecem entre nós a sistemática da mentira.

A política da mentira revela-se uma política elitista, arrebatando do cidadão a possibilidade de realmente conhecer e participar da vida pública. Ela não se coaduna com a visibilidade e a transparência do poder. Fundamenta-se no mais profundo desprezo pelo cidadão, a propaganda política, entendida como instrumento de manipulação da opinião pública, sendo sua arma predileta. O exame e a solução dos principais problemas que afetam a sociedade transformam-se, como os *arcana imperii* (os segredos ou os mistérios do Estado), em privilégio de especialistas, fora do controle popular.

A elite política tradicional tem muitas vezes sido agente privilegiado da política da mentira. O surgimento de um corpo específico de homens políticos, os "profissionais da política", acompanha a formação do Estado moderno. Entretanto, junto com esta especialização dos papéis políticos, própria da divisão do trabalho na sociedade capitalista, decorre quase sempre a reivindicação do monopólio da mediação política por parte dos profissionais da política. Assim, "a competência dos profissionais implica a incompetência dos não-profissionais. Em troca, a incompetência dos não-profissionais legitima a competência dos profissionais e constitui o fundamento de sua autoridade. Em outros termos, o aparecimento de uma competência específica nos profissionais da política tende a despossuir os não-profissionais daquela competência e a lhes retirar qualquer possibilidade de ação autônoma.". (Gaxie, Daniel, *in Les Professionnels de la Politique*, PUF, Paris, 1973, p. 30) Por isto mesmo, nada mais avesso ao sentimento predominante da elite política tradicional do que a quebra do monopólio da mediação política reivindicado pelos profissionais da política que expresse, face à heteronomia do Estado, a autonomia da sociedade. A política da mentira torna-se também funcional para a preservação deste monopólio. A começar pela própria representação, onde se torna difícil, mesmo para o observador atento, identificar o que corresponde efetivamente, no comportamento dos profissionais da política, à representação de classes ou segmentos sociais, como é propalado, e o que resulta simplesmente dos interesses específicos do pessoal político.

O descrédito da elite política é muitas vezes a contrapartida da política da mentira, comprometendo o processo democrático. Expurgar a mentira da política, renovar a elite política, ampliar a participação do cidadão na vida pública revelam-se, assim, medidas indispensáveis para restaurar a prática democrática.

2. Salientávamos acima que o descrédito da elite política é muitas vezes a contrapartida da política da mentira, comprometendo o processo democrático. Caberia acrescentar que não apenas o descrédito da elite política, mas inclusive a própria desafeição em relação à política - reação anárquica e atomizada sem possibilidade de alterar o rumo dos acontecimentos - podem resultar da sistemática da mentira, servindo de leito para as veleidades de volta ao passado ou para a rearticulação das forças comprometidas com um projeto politicamente autoritário e socialmente conservador Por isto mesmo, não cabe qualquer resignação face à dege-

nerescência da conjuntura onde o desencanto com a grande política por parte do cidadão favorece e propicia cada vez mais a "estratégia da tensão" fabricada por aquelas forças. Daí, a necessidade de renovar a política, renovação esta que significa uma aposta e uma esperança na capacidade e no desprendimento de nossa elite política.

Seria fácil e superficial imputar as insuficiências e as mazelas de nossa elite política simplesmente às características e às particularidades de nossa "cultura política". Inegavelmente, há uma relação dialética entre o comportamento da elite política e os "costumes" da sociedade. Entretanto, os profissionais da política como corpo específico, surgido com o Estado moderno, possuem também uma dinâmica própria que não pode ser ignorada ou subestimada. Além disto, a elite política, com a responsabilidade, entre outras coisas, de apontar alternativas para a sociedade, não pode limitar-se a reproduzir ou a reforçar suas práticas mais atrasadas. Como uma das esferas do poder, a classe política não deve confundir pragmatismo ou senso de oportunidade com fisiologismo ou falta de princípios. Em outros termos, mesmo que afetada pela dinâmica geral da sociedade, mecanismos devem ser criados para tornar a elite política menos permeável àquelas práticas perniciosas. Logicamente, em sociedades com longa tradição democrática, o que não é o nosso caso, os riscos e os efeitos do fisiologismo ou da falta de princípios da elite política ficam minimizados, inclusive pela existência de uma cidadania mais participativa.

O descrédito da elite política não resulta apenas de seu comportamento ou de sua ausência voluntária de comportamento. Outros fatores contribuem para tanto. A começar pelas restrições e precariedades da transição política que limitam o horizonte da ação política e reduzem o espaço das alternativas políticas. Assim, a renovação da política implica tanto a modernização da elite política como a democratização da sociedade e a participação do cidadão.

Respeito à opinião pública parece ser um dos primeiros elementos para a renovação da política. De tal forma que a representação adquira uma dimensão real, e não apenas fantasiosa ou fictícia. Demais, convém destacar a importância da liberdade de informação e de comunicação e o papel dos meios de comunicação na perspectiva de uma maior responsabilização da atividade política. Mecanismos de controle social mais amplo poderiam igualmente ser previstos, dando maior densidade e realidade à prática política. Mas antes de tudo, cabe modernizar os partidos, não apenas nas suas estruturas internas, como também ou sobretudo nas suas relações com a sociedade e, mais especificamente, com os movimentos sociais, entidades e associações.

Ao invés da contemplação resignada, a ação inovadora; ao invés da política do "avestruz", a política do enfrentamento da questão, pois não há estrada real nem atalho na consecução da legitimação da atividade política e da credibilidade da elite política. Sobretudo sabendo-se que o processo democrático - bem como sua capacidade em superar os obstáculos que se anteponham a ele - depende fundamentalmente daquela legitimação e desta credibilidade.

23

O legado político de Getúlio

Texto publicado *in Diário do Sul*,
Porto Alegre, 25/08/1987.

O aniversário do suicídio de Getúlio Vargas (24 de agosto de 1954) constitui-se sempre em oportunidade de avaliação do legado político representado pelo *getulismo*. Sobretudo neste momento, em que a "transição pactada" reflete em grande parte as particularidades e limitações do passado.

Getúlio Vargas foi seguramente o mais importante personagem da história republicana, não apenas em razão de seus inequívocos méritos pessoais como político, mas sobretudo em função do momento e do processo de transformação social por que passava então o país. Com relação a ele, há uma espécie de unanimidade, ao menos aparente. Isto é extremamente revelador. Por um lado, demonstra a *ambigüidade do legado getulista*; por outro, indica a *ausência em nossa história política de uma alternativa ao getulismo que se tenha consolidado*. Em outros termos, aponta para a inexistência de um aprofundamento da luta social em nosso país e remete enfim ao caráter geral do processo político nacional. Outro aspecto que merece ser destacado ao falar-se em Vargas diz respeito ao fato de a historiografia muitas vezes acentuar o que separa os diversos Vargas, ora resgatando um, ora criticando outro, ao invés de procurar ressaltar o que une os distintos Vargas ou o que dá unidade a diferente momentos ou a diferentes conjunturas de um mesmo processo político.

Tem-se ultimamente procurado caracterizar o processo político brasileiro por expressões como "modernização conservadora", "revolução passiva" e outras. Em última análise, a idéia de uma *via de compromisso na transição para a hegemonia política do capital industrial*. Neste processo, estabelece-se um acordo, um compromisso entre elites agrárias retrógradas e elites industriais modernizadoras, as classes trabalhadoras do campo e da cidade sendo, quando não marginalizadas e reprimidas, tuteladas. Como assinalou Luciano Martins, a oligarquia agrária perde neste processo sua condição de classe dirigente, mas não sua condição de classe dominante.

Na emergência da sociedade industrial, o Estado passa a exercer um papel fundamental, sobretudo tratando-se de uma "industrialização por substituição de importações", de uma industrialização tardia no contexto de uma sociedade dependente e numa conjuntura de crise econômica internacional. Três momentos são fundamentais para a compreensão desta evolução: os governos militares logo após a Proclamação da República, a Revolução de 1930 e o Estado Novo e, terceiro momento, momento de consumação do processo, a Revolução de 1964. Três ideologias autoritárias expressariam estes três momentos: o Positivismo da juventude militar, a Ideologia do Estado Novo e a Ideologia da Segurança Nacional. A Revolução de 1930 e o Estado Novo seriam ainda o período fundamental. Sobretudo neste segundo momento, os interesses de um projeto autônomo e nacional elevam-se ao primeiro plano da política estatal. Em grande parte, em função de um enfraquecimento dos laços de dependência ocasionado pela crise econômica internacional e pela segunda guerra mundial. No contexto do pós-guerra, com a reintegração plena no sistema capitalista internacional, o modelo autônomo e nacional entra em prolongada crise, a consumação do processo referido coincidindo com a internacionalização da economia do país. A mobilização das classes trabalhadoras torna-se então necessária para dar uma sobrevida passageira a este projeto autônomo e nacional.

A política getulista representará assim a expressão de um mesmo projeto político, nacionalista, mas burguês e autoritário, tanto em sua versão estadonovista (37/45), como em sua versão populista (50/54). Este projeto político, tutelar em suas relações com as classes trabalhadoras, será, sobretudo no final do período populista, mobilizador e politizador das classes trabalhadoras. Daí a ambigüidade do legado getulista a que nos referíamos inicialmente.

Caberia perguntar-se pelas razões de ausência de uma alternativa ao getulismo que se tenha consolidado em nossa história política. O que remete ao estudo da história social brasileira pelo menos desde o início deste século. O anarquismo, hegemônico nas duas primeiras décadas do século, conseguiu preservar em grande parte a autonomia organizacional, política e ideológica da classe trabalhadora, mas entra rapidamente em crise, em função mesma de suas características. A década de 20 coincide com a crise, para não dizer desorganização, do movimento operário e com o ascenso dos movimentos de classe média: o tenentismo e o "civilismo", principalmente, que inclusive influenciaram o próprio movimento operário. Haja vista, a penetração do tenentismo de esquerda no movimento socialista. Com a Revolução de 1930, o Estado passa a atuar positivamente, e não apenas repressivamente em relação à classe trabalhadora, enquadrando-a dentro dos objetivos estabelecidos pela política estatal. O ambiente político era aliás propício a tal investida (origem rural do novo proletariado, crise já referida, divisão entre anarquistas, comunistas e "sindicalistas", repressão estatal que não esteve de qualquer forma ausente etc.). Se, no que se refere ao direito individual do trabalho, alguns avanços são obtidos, com relação ao direito coletivo do trabalho, sobretudo o direito sindical, o modelo é corporativista. Isto tudo dentro da idéia cara ao positivismo da "incorporação do proletariado na sociedade moderna".

Se o legado getulista é importante e, neste sentido, deve ser resgatado, sobretudo por seu aspecto nacionalista e pela dinâmica política então gerada, o getulismo não corresponde aos interesses históricos das classes subordinadas que até agora não conseguiram alçar-se no cenário nacional, como verdadeiros atores políticos. Ao contrário, o que se observa é muitas vezes a incorporação do populismo por aqueles mesmos que se apresentam como alternativa política para os dominados.

Bibliografia citada

BERDIAEFF, Nikolai. *Les Sources et le Sens du Communisme Russe.* Paris: Gallimard, 1951.

BONAVIDES, Paulo. *Jornal do Conselho Federal da OAB*, nº 40, 1995

BROUÉ, Pierre. *Le Parti Bolchevique, Histoire do P.C. de l'U.R.S.S.* Paris: Les Éditions de Minuit, 1977.

BURDEAU, Georges. *Traité de Science Politique*, v. IV - *Le Statut du Pouvoir dans l'État.* Paris: LGDJ, 3ª edição revista e aumentada, 1983.

CANOTILHO, J. J. Gomes. *Direito Constitucional.* Coimbra: Livraria Almedina, 1991.

CASTORIADIS, Cornelius. *Sur la Question de l'URSS et du Stanlinisme Mondial, in La Société Bureaucratique,* 1 - *Les Rapports de Production en Russie.* Paris: Union Générale d'Éditions, 1973.

CHATELET, François. *Manifeste du Parti communiste de Marx et Engels.* Paris: Editions Pédagogie Moderne, 1981.

CHAUVIER, Jean-Marie. *Les réels enjeux de la rivalité entre MM. Eltsine et Gorbatchev, in Le Monde Diplomatique.* Paris, abril de 1991.

CLAUDÍN, Fernando. *L'Eurocommunisme.* Paris: François Maspero, 1977.

———. *La Crisis del Movimiento Comunista tomo 1 - de la Komintern al Kominform.* Barcelona: Ibérica de Ediciones y Publicaciones, S.A., 1977.

DE VEGA, Pedro. *La Reforma Constitucional y la Problemática del Poder Constituyente.* Madrid: Editorial Tecnos S.A., 1ª edição, 2ª reimpressão, 1991.

DEL VECCHIO, Giorgio. *La Déçcaration des Droits de l'Homme et du Citoyen dans la Révolution Française.* Roma: Fondation Européenne Dragan.

DÍAZ, Elías. *Sociología y Filosofía del Derecho.* Madrid: Taurus, 1981.

DUVERGER, Maurice. *Institutions Politiques et Droit Constitutionel, 1 - Les grands systèmes politiques*, Paris: PUF, 12ª edição, 1971.

——. *Institutions Politiques et Droit Constitutionel, 1 - Les grands systèmes politiques*, Paris: PUF, 1988.

——. *Les Constitutions de la France*. Paris: PUF, 9ª edição, 1971.

——. *JANUS - Les deux faces de l'Occident*, Paris: Fayard, 1972.

——. *Social-Démocratie, in Universalia 1977*. Paris: Encyclopaedia Universalis France S.A., 1977.

EWALD, François. *Le Droit du Travail: Une Légalité sans Droit?* Paris: Notes de la Fondation Saint-Simon, nº 1, junho/1983.

FERRO, Marc. *Des Soviets au Communisme Bureaucratique*. Paris: Éditions Gallimard/Julliard, 1980.

FINLEY, Moses, I. *A Política no Mundo Antigo*. Rio de Janeiro: Zahar Editores, 1985, capítulos 3 e 4.

GAXIE, Daniel. *Les Professionnels de la Politique*. Paris: PUF, 1973.

GRAU, Eros Roberto. *A Constituinte e a Constituição que Teremos*, São Paulo: Editora Revista dos Tribunais, 1985.

HABERMAS. *Teoría y Praxis, Estudios de Filosofia Social*. Madrid: Editorial Tecnos S.A., 1987.

HADDAD, Fernando. *Os Tropeços de Kurz, in Teoria e Debate*. São Paulo, nº 21, maio/junho/julho de 1993.

HAURIOU, André. *Droit Constitutionnel et Institutions Politiques*. Paris: Éditions Montcherestien, 1972.

HERMET, Guy. *Sociologie de la Construction Démocratique*. Paris: Economica, 1986.

HOBSBAWM, Eric. *História do Marxismo, I - O Marxismo no Tempo de Marx*. São Paulo: Editora Paz e Terra, 1980.

KRIELE, Martin. *Introducción a la Teoría del Estado*, Buenos Aires: Ediciones Depalma, 1980.

LEFEBVRE, Georges. *La Révolution Française et les Paysans, Eudes sur la Révolution Française*. Paris: PUF, 10ª edição revist, 1963.

MIRANDA, Jorge. *Manual de Direito Constitucional, v. II - Introdução à teoria da Constituição*. Coimbra: Coimbra Editora Limitada, 2ª edição revista, 1983.

RUBEL, Maximilien. *La Croissance du Capital en U.R.S.S. - Essai de Confrontation Critique, in Marx Critique du Marxisme*. Paris: Payot, 1974.

SILVA, José Afonso da. *Aplicabilidade das Normas Constitucionais*, São Paulo: Editora Revista dos Tribunais, 2ª edição, revista e atualizada, 1982.

———. *Curso de Direito Constitucional Positivo*, São Paulo: Malheiros Editores, 1993.

SOULIER, Gérard. *Les institutions judiciaires et répressives, in Traité de Science Politique, 2 - Les régimes politiques contemporains*. Paris: PUF, 1985.

TOCQUEVILLE. *L'Ancien Régime et la Révolution*. Paris: Editions Gallimard, 1967.

VANDERLINDEN, Jacques. *Le Pluralisme Juridique - Essai de synthèse, in Le Pluralisme Juridique*. Belgique: Editions de l'Université de Bruxelles, 1972.

VERNANT, Jean-Pierre. *Les Origines de la Pensée Grecque*, Paris: PUF, 1983.

VILAR, Pierre. *Iniciación al Vocabulario del Análisis Histórico*. Barcelona: Editorial Crítica, 1980.

Editora Gráfica Metrópole S.A.